Archange Michel

Racines Historiques, Symbolisme Et Impact Culturel

MARGARET BENSON

Droits d'auteur © 2024 - Margaret Benson

Tous droits réservés. Cette œuvre ou toute partie de celle-ci ne peut être reproduite ou utilisée de quelque manière que ce soit sans l'autorisation écrite expresse de l'auteur ou de l'éditeur.

Première édition, 2024

CHAPITRE 1. INTRODUCTION............... 5
 Présentation de l'Archange Michel............5
 Objectif et pertinence du travail.................9
 Méthodologie d'analyse............... 12
CHAPITRE 2. ORIGINES ET PREMIÈRES MENTIONS............... 17
 Contexte historique et religieux............... 17
 Comparaisons avec des archétypes d'autres traditions...............20
 Michael comme archétype universel...............23
CHAPITRE 3. RÉCITS ET LÉGENDES............... 27
 La bataille contre le mal............... 27
 Autres récits et histoires associées...............29
 Variations culturelles dans les légendes......... 34
CHAPITRE 4. SYMBOLISME ET ICONOGRAPHIE 39
 Représentations artistiques de Miguel............ 39
 Signification des symboles (épée, balance, armure)...............43
 Miguel dans l'art classique et le patrimoine religieux...............49
CHAPITRE 5. RÔLE SPIRITUEL ET PHILOSOPHIQUE............... 55
 Michael en tant que protecteur et guerrier divin.. 55
 Implications éthiques et morales...............59
 Psychologie et Spiritualité...............63
CHAPITRE 6. LA PERTINENCE DE MICHAEL AU COURS DES SIÈCLES............... 68
 Antiquité et cultures mythologiques............... 68

3

Le Moyen Âge et l'éthique de la chevalerie.... 72
Renaissance et Réforme...................76
CHAPITRE 7. RELECTURES MODERNES ET CONTEMPORAINES............82
Spiritualité et ésotérisme modernes...............82
Culture populaire et médias numériques........ 85
Syncrétisme mondial et la figure de Michael.. 90
CHAPITRE 8. RÉCEPTION ETHNOGRAPHIQUE ET PRATIQUES CONTEMPORAINES............ 95
Témoignages de fidèles................95
Pratiques culturelles et rituels........ 98
La figure de Miguel dans les communautés virtuelles........103
CHAPITRE 9. CONSIDÉRATIONS FINALES....108
L'universalité de Michael..............108
L'avenir de la dévotion à Michael................. 110
Conclusions et implications pour les études interdisciplinaires............114
BIBLIOGRAPHIE.................118

CHAPITRE 1. INTRODUCTION

Présentation de l'Archange Michel

L'archange Michel occupe une place centrale dans plusieurs traditions religieuses, s'affirmant comme un symbole multiforme de protection, de justice et de spiritualité. Sa figure transcende les descriptions conventionnelles des anges, assumant les caractéristiques d'un guerrier céleste. En tant que défenseur de l'ordre divin et combattant contre le chaos, Michel est une représentation complexe des forces protectrices, se présentant comme un modèle de courage et d'intégrité morale. Dans la tradition judéo-chrétienne, il est connu comme le « prince des anges », dirigeant les armées célestes et servant de gardien des justes. Dans le livre de Daniel, il apparaît comme le protecteur d'Israël, tandis que dans l'Apocalypse, son rôle s'élargit, le montrant comme un leader dans la bataille cosmique finale entre le bien et le mal. Ce personnage de Michel en tant que défenseur universel des justes lui attribue une responsabilité transcendante qui inspire de profondes valeurs éthiques et morales.

Dans l'islam, Michel est vénéré sous le nom de Mikail, l'archange chargé de distribuer les bénédictions de Dieu et de maintenir la création en maintenant l'équilibre cosmique. Plutôt qu'un guerrier, Mikail assume un rôle plus pacifique, associé à la miséricorde et à la protection continue. Sa fonction de préservation de l'harmonie divine met en évidence la présence de Michel dans un contexte spirituel plus large, reflétant son rôle de figure centrale de l'intercession divine. Cette interprétation reflète une conception élargie du protecteur, où Michel ou Mikail est celui qui défend le bien, pas nécessairement avec des armes, mais en préservant l'équilibre cosmique et le bien-être.

Le symbolisme de Michel est renforcé par le contexte des mythologies antiques, où il est représenté par des figures de guerriers divins comme Mithra dans la tradition perse et Sekhmet dans l'Égypte antique. Mithra, par exemple, représente la lumière et la justice, et est invoqué comme protecteur contre les forces des ténèbres. De même, Sekhmet personnifie la protection, associée à la guerre et à la guérison, représentant la résistance aux maux qui menacent l'ordre. La présence de ces guerriers divins dans diverses cultures renforce l'archétype de Michel en tant que défenseur de la vérité et de la sécurité spirituelle, témoignant d'une recherche humaine universelle d'une figure protectrice. Ce besoin transcende les cultures et les époques, indiquant que Michel n'est pas simplement une figure religieuse, mais le reflet des aspirations humaines à un défenseur archétypique contre le mal et le désordre.

Sur le plan visuel et iconographique, les représentations artistiques de Michel sont tout aussi significatives et puissantes. Au fil des siècles, son image avec l'épée, la balance et l'armure illustre non seulement son rôle de défenseur du bien, mais communique également un idéal d'autorité morale et de justice. L'épée symbolise la capacité de discerner et de trancher dans le mensonge, représentant la vérité et le courage ; la balance est un symbole de la justice divine et du jugement impartial ; et l'armure renforce l'idée de protection spirituelle, indiquant la force invincible de la vertu que Michel représente. L'iconographie associée à Michel a inspiré et guidé les fidèles de nombreuses cultures, reflétant un désir de sécurité et de droiture. Sa présence dans les temples, les églises et les cathédrales est une manifestation visuelle de son autorité spirituelle et de la confiance collective placée en lui en tant que défenseur et gardien.

L'universalité de Michel est renforcée par le fait qu'il est une figure de dévotion dans de nombreuses traditions. Il n'est pas seulement une icône limitée au christianisme, au judaïsme ou à l'islam ; Michel est un archétype qui transcende les barrières religieuses et culturelles, exprimant un profond désir humain d'être un défenseur spirituel. Son image de protecteur, de juge et de guerrier est une réponse archétypale aux besoins de sécurité et de justice qui imprègnent l'expérience humaine, que ce soit dans des contextes de paix ou d'adversité. Cette adaptabilité fait de Michel un symbole intemporel, capable de résonner à travers différentes époques et cultures, représentant toujours l'idéal de force spirituelle et d'intégrité morale.

Enfin, Michel est considéré comme un intercesseur et un protecteur, reflétant le désir humain de s'appuyer sur une force qui transcende le pouvoir humain. Dans les moments d'adversité, il est invoqué comme celui qui non seulement protège, mais aussi renforce et guide, se présentant comme une source d'espoir et de sécurité pour ceux qui cherchent un chemin de droiture. Sa figure incarne une lutte permanente entre le bien et le mal, mais aussi la certitude qu'avec protection et direction spirituelle, il est possible de maintenir l'ordre et l'intégrité au milieu du chaos.

Objectif et pertinence du travail

L'étude de l'archange Michel nous offre un regard précieux pour comprendre les besoins humains les plus profonds et les plus universels, tels que la recherche de protection, de justice et de guidance spirituelle. Michel n'est pas seulement une figure religieuse ; il incarne des aspirations fondamentales qui traversent les époques et les cultures. Les recherches sur lui nous permettent d'explorer la manière dont ces désirs ont été exprimés et réinterprétés au fil du temps, éclairant la persistance et la transformation des valeurs fondamentales de l'humanité. Michel apparaît comme un protecteur archétypal, un défenseur de l'ordre et de la justice, qui sert à la fois à soutenir l'individu en temps de crise et à renforcer les communautés et les traditions qui cherchent à défendre des valeurs élevées en temps d'incertitude.

Cet ouvrage a pour objectif de fournir un aperçu complet des origines et des développements symboliques de Michael, en cartographiant son impact culturel et spirituel depuis ses premières mentions dans les textes religieux jusqu'à ses manifestations actuelles dans la culture populaire et les mouvements spirituels contemporains. L'approche interdisciplinaire cherche à unir les perspectives de l'histoire, de la théologie, de la philosophie et de l'anthropologie pour embrasser la complexité de la figure de Michael. Cette pluralité méthodologique est essentielle pour dévoiler les nombreux aspects que représente Michael : il est un guerrier, un protecteur, un juge et une figure de compassion. Chacune de ces facettes est révélée dans des contextes différents et, ensemble, elles dressent un tableau plus complet et plus profond de la manière dont il résonne dans l'imaginaire collectif.

L'interdisciplinarité permet également de saisir la manière dont l'image de Michel est façonnée par les changements historiques et sociaux, le révélant comme un symbole qui transcende toute interprétation singulière. L'analyse historique permet de retracer son évolution au fil des siècles, en identifiant la manière dont il a été réinterprété pour répondre aux nouveaux besoins spirituels et politiques des communautés qui le vénèrent. L'ethnographie et les études culturelles mettent en lumière les pratiques contemporaines impliquant Michel, montrant comment il est invoqué dans les rituels et les célébrations, ainsi que dans les sphères les plus intimes de la vie quotidienne, que ce soit dans les prières familiales ou dans les pratiques de protection personnelle.

Dans un monde marqué par la recherche d'une spiritualité globale et par un retour aux valeurs de justice et de protection, l'importance de Michael devient particulièrement significative. Le scénario contemporain, qui combine des défis tels que la mondialisation, les crises sociales et l'expansion des médias numériques, crée un environnement où des symboles intemporels, comme Michael, sont réinterprétés pour répondre aux exigences modernes. Ce livre cherche à contribuer à une compréhension plus profonde de la façon dont la figure de Michael répond à ce besoin croissant de connexion avec le spirituel et l'éthique, en offrant un point de convergence entre diverses traditions.

En analysant la manière dont Michael est invoqué et réinterprété dans les pratiques religieuses et culturelles contemporaines, l'ouvrage met l'accent sur la persistance de symboles de protection et de justice qui continuent d'influencer profondément les croyances et les comportements. La présence de Michael dans les mouvements de renouveau spirituel, dans la culture populaire et sur les réseaux sociaux, par exemple, révèle que son symbolisme est actualisé pour rester pertinent. Il n'est pas seulement une figure du passé, mais un archétype qui répond aux besoins du présent, en s'adaptant et en conservant sa force en tant que modèle de défense spirituelle et d'intégrité morale.

Cette étude cherche donc à situer Michel comme un symbole vivant qui non seulement préserve les traditions mais inspire aussi de nouvelles formes de dévotion et de connexion spirituelle. Il est présenté comme un point de convergence où se rencontrent les aspirations et les valeurs humaines de justice et de protection, démontrant que, même à une époque de transformations culturelles et technologiques rapides, la recherche de figures archétypales symbolisant la sécurité, la droiture et l'orientation spirituelle reste aussi pertinente que dans les temps anciens.

Méthodologie d'analyse

Afin de proposer une analyse véritablement exhaustive de la figure de l'archange Michel, cette étude utilise une approche interdisciplinaire qui examine ses multiples dimensions historiques, culturelles et contemporaines. Chaque méthodologie adoptée contribue à une compréhension complète et complexe de la manière dont Michel est interprété et vénéré dans différents contextes et à différentes époques.

L'analyse historique joue un rôle fondamental dans la recherche des origines et du développement de l'image de Michel, depuis ses premières mentions dans les textes religieux jusqu'à sa consolidation dans les traditions judéo-chrétienne et islamique. En contextualisant Michel dans ses périodes historiques, cette méthodologie nous permet de percevoir comment les facteurs culturels, sociaux et religieux ont façonné son caractère et son rôle au sein de chaque tradition. L'analyse historique est essentielle pour comprendre les motivations qui sous-tendent la représentation de Michel en tant que protecteur divin et guerrier spirituel. Au fil des siècles, les changements dans l'interprétation de la figure de Michel reflètent les transformations de la spiritualité et des préoccupations sociales des communautés, indiquant que sa figure est à la fois le produit et le reflet des besoins spirituels de chaque époque.

L'analyse culturelle et symbolique offre une dimension complémentaire, en se concentrant sur les éléments iconographiques qui définissent l'image de Michel et les significations spirituelles que ces éléments véhiculent. En examinant des représentations telles que l'épée, la balance et l'armure, cette analyse révèle les concepts de protection, de justice et de force morale qui imprègnent la figure de Michel. L'épée, par exemple, symbolise la vérité et la capacité de discernement, tandis que la balance fait référence à la justice impartiale et à la responsabilité morale. L'armure, quant à elle, renforce l'idée d'invulnérabilité spirituelle et de défense contre les influences négatives. L'approche symbolique nous permet de comprendre Michel comme un archétype universel de défenseur, le reliant à des figures similaires dans d'autres cultures, comme les guerriers divins et les protecteurs présents dans les mythologies anciennes. Ce lien montre que Michel représente non seulement un symbole religieux, mais aussi un besoin humain intemporel de protection et d'intégrité morale.

Enfin, l'approche ethnographique apporte une perspective sur la manière dont Michael est reçu et vénéré dans le contexte contemporain. À travers des entretiens, des études de cas et des témoignages de fidèles, cette méthodologie saisit la vitalité de Michael dans les pratiques spirituelles modernes. Elle révèle comment Michael est invoqué dans des rituels de protection et de dévotion, à la fois dans des contextes religieux traditionnels et dans des pratiques ésotériques et de nouvelles spiritualités. De plus, la présence de Michael dans les communautés numériques montre sa pertinence dans les espaces virtuels, où les fidèles partagent des prières, des expériences et des conseils pour l'invoquer. L'analyse ethnographique est essentielle pour saisir la manière dont Michael continue de résonner dans un scénario de diversité spirituelle, offrant un soutien émotionnel et psychologique en période d'incertitude.

La combinaison de ces méthodologies permet une exploration multidimensionnelle de la figure de Michael, révélant comment son symbolisme transcende les contextes traditionnels et s'adapte aux aspirations spirituelles et culturelles contemporaines. L'analyse historique fournit le fondement et le développement de la figure de Michael, tandis que l'analyse symbolique dévoile la profondeur de ses attributs archétypiques. L'approche ethnographique révèle Michael comme une présence active et significative dans les pratiques dévotionnelles modernes. Ensemble, ces méthodologies offrent une vision holistique et intégrée, mettant en évidence Michael comme un archétype durable, essentiel à la spiritualité mondiale, qui continue d'inspirer et de protéger, à la fois dans les traditions religieuses et dans les nouvelles voies spirituelles émergentes dans la société contemporaine.

CHAPITRE 2. ORIGINES ET PREMIÈRES MENTIONS

Contexte historique et religieux

Les premières références à l'archange Michel se trouvent dans les trois principales traditions monothéistes – le judaïsme, le christianisme et l'islam – lui attribuant chacune un rôle spécifique, mais partageant le dénominateur commun de protecteur, de défenseur et d'être sacré.

Dans le judaïsme, Michel est mentionné pour la première fois dans le livre de Daniel comme protecteur d'Israël et chef des armées célestes. La désignation de Michel comme « l'un des principaux princes » le positionne comme le gardien non seulement d'un peuple, mais aussi des valeurs et de l'intégrité spirituelle d'une nation. Son rôle est double : en tant que guerrier, il affronte les forces du mal ; en tant que protecteur, il assure la survie et la justice du peuple d'Israël. Dans les textes apocryphes, comme le livre d'Hénoch, la figure de Michel est encore plus développée, étant décrite comme l'archange qui combat les anges déchus. Dans ce récit, Michel devient un défenseur de l'ordre divin contre les anges qui corrompent l'humanité, renforçant son image de droiture et de force morale. Le combat de Michel contre le mal dans le judaïsme symbolise une résilience spirituelle qui inspire les fidèles à affronter l'adversité avec foi et pureté morale.

Dans le christianisme, Michel est largement reconnu comme le défenseur du bien, notamment dans l'Apocalypse (ou livre de l'Apocalypse), où il dirige les forces célestes contre le dragon, traditionnellement identifié à Satan. Cette bataille cosmique entre Michel et le dragon est devenue l'une des représentations les plus puissantes de la lutte entre le bien et le mal, consolidant Michel comme le chef des armées divines et le symbole ultime de la vertu triomphant de la corruption. Il défend non seulement le ciel, mais protège également les fidèles contre les forces des ténèbres. La mention de Michel dans les écrits apocryphes et dans les œuvres des Pères de l'Église renforce son rôle d'intercesseur et de protecteur, en plus de le consolider comme modèle de vertu et de justice. Dans les textes chrétiens, Michel représente la moralité absolue et la justice divine, offrant aux fidèles un exemple de force spirituelle et de loyauté inébranlable aux principes divins.

Dans l'islam, Michel est vénéré sous le nom de Mikail, l'un des principaux archanges qui, aux côtés de Jibril (Gabriel), exécute la volonté de Dieu. Bien que son rôle dans l'islam soit moins militaire que dans les traditions judéo-chrétiennes, Mikail est toujours un symbole de protection et de bienveillance. Il est représenté comme un être de paix, chargé de soutenir la création, de dispenser la miséricorde divine et d'être responsable de la pluie et de la subsistance. L'association de Mikail avec la providence et l'équilibre cosmique le différencie de la figure combative de Michel dans le christianisme, mettant l'accent sur une protection qui englobe la préservation de la vie et la sécurité des croyants. Ce rôle est complété par le profond respect qui lui est accordé dans l'islam, où il est considéré comme un gardien qui non seulement protège mais aussi soutient et assure le bien-être des fidèles.

La présence de Michel dans ces trois traditions illustre son rôle de symbole de protection divine et de résistance au mal, s'affirmant comme une figure de force morale et spirituelle. Michel incarne l'idée d'un défenseur de la justice et de l'ordre, s'adaptant aux spécificités de chaque tradition, mais représentant toujours l'intégrité et la force de résister au mal. Dans toutes ces traditions, il apparaît comme un pilier pour les fidèles, évoquant des valeurs de courage et de droiture, et servant de modèle de dévotion qui transcende le récit guerrier pour devenir un gardien de la foi et de la moralité.

Comparaisons avec des archétypes d'autres traditions

La figure de Michael en tant que guerrier et protecteur trouve des parallèles dans de nombreuses traditions mythologiques, où des divinités telles que Mithra, Sekhmet et Athéna jouent des rôles similaires en tant que gardiens et défenseurs. Ces personnages protègent non seulement leurs communautés et assurent l'ordre, mais symbolisent également des valeurs telles que la justice, l'intégrité et la préservation du bien, reflétant un besoin archétypal qui traverse les cultures et les époques.

Dans la tradition perse, Mithra est une divinité associée à la lumière, à la justice et à la protection. Comme Michel, il est invoqué comme médiateur entre le bien et le mal et est considéré comme un défenseur du juste. Dans le contexte persan, Mithra joue le rôle d'un protecteur spirituel, celui qui combat les forces des ténèbres pour maintenir l'équilibre cosmique. Au fil du temps, le culte de Mithra s'est répandu dans l'Empire romain, où il était particulièrement vénéré par les soldats et les guerriers, devenant une figure de dévotion pour ceux qui recherchaient force et protection sur le champ de bataille. L'association de Mithra avec le soleil et l'idéal de justice fait écho au rôle de Michel en tant que source de lumière et défenseur de l'ordre divin, montrant comment les deux personnages sont des personnifications de la lutte pour le bien contre les ténèbres.

Dans la mythologie égyptienne, la déesse Sekhmet est une divinité guerrière et protectrice, représentée sous les traits d'une lionne féroce. Son image est un symbole de force et de destruction, reflétant son rôle de défenseure de l'Égypte contre ses ennemis. Sekhmet était invoquée pour purifier et combattre, et son iconographie, bien que distincte de celle de Michel, présente des similitudes dans son rôle de protectrice divine et de combattante. Sekhmet et Michel sont tous deux considérés comme des agents de la justice, prêts à détruire le mal au nom d'un ordre supérieur. La présence de Sekhmet comme figure de défense et de combat démontre que le rôle de protecteur divin, qui assure la continuité du bien et la préservation de la communauté, est un concept qui résonne dans diverses cultures, prenant des formes qui reflètent les spécificités de chaque tradition.

Dans la tradition gréco-romaine, Athéna personnifie la sagesse et la guerre stratégique. Athéna est vénérée comme une déesse qui protège les villes et les armées, guide les guerriers et assure le triomphe de la rationalité et de l'ordre sur le chaos. Elle est la déesse de la guerre juste, qui ne s'engage pas dans les conflits par la violence, mais plutôt par le maintien de l'ordre et de la vérité. L'association d'Athéna avec la balance de la justice et de la guerre rationnelle reflète le rôle de Michel en tant que défenseur et gardien de la justice divine. Comme Michel, qui représente la justice et la défense contre le mal, Athéna symbolise l'idéal de la guerre éthique et de l'ordre social et spirituel. Le lien entre les deux met en évidence un archétype universel : le protecteur sacré qui combat au nom de la vérité et qui est invoqué pour rétablir la paix et l'harmonie.

Ces comparaisons entre Michel, Mithra, Sekhmet et Athéna révèlent que le rôle de Michel en tant que guerrier et protecteur dépasse les traditions monothéistes et se retrouve dans les mythologies antiques de différentes cultures. L'existence de telles figures de défense et de justice suggère un besoin commun, profondément ancré dans l'imaginaire collectif, de personnifier la protection divine et la lutte contre le mal. À travers ces figures, les cultures cherchent une représentation symbolique d'un protecteur sacré qui non seulement défend la communauté, mais assure la préservation des valeurs qui soutiennent l'ordre et le bien-être. Ces figures archétypales de protecteurs divins reflètent l'aspiration universelle à un être qui défend le bien face aux menaces du mal, reliant les traditions autour d'un idéal partagé de sécurité, de droiture et de justice.

Michael comme archétype universel

D'un point de vue jungien, Michael peut être compris comme un archétype universel, un symbole qui émerge de l'inconscient collectif et qui porte en lui des thèmes profonds et intemporels de protection, de justice et de résistance au mal. Selon Carl Jung, les archétypes sont des modèles primordiaux communs à toute l'humanité, se manifestant dans les mythes, les religions et les récits culturels, indépendamment du temps et de l'espace. Michael, représentant le « héros protecteur », est l'un de ces archétypes universels qui incarne la valeur de la lutte contre les forces obscures, un symbole qui va au-delà du combat physique pour refléter une bataille spirituelle et psychologique pour l'intégrité de l'âme humaine.

En tant que héros protecteur, Michael se distingue par sa capacité à répondre au besoin humain de sécurité, notamment en période d'incertitude et de conflit. Il est invoqué non seulement comme défenseur contre les batailles extérieures, mais aussi comme gardien contre les luttes intérieures, agissant comme un soutien spirituel pour ceux qui font face à des peurs, des doutes et des menaces à leur intégrité morale. La dualité de Michael, sa force de combat combinée à une profonde compassion, fait largement écho à la recherche humaine de réconfort et de sécurité face à l'inconnu. Son image offre un sentiment de stabilité, représentant à la fois le pouvoir de repousser le mal et l'idéal d'une présence durable.

L'archétype de Michel transcende ainsi les frontières des religions spécifiques, agissant comme un symbole universel d'ordre et de protection spirituelle. Cet archétype reflète le

24

désir humain d'un défenseur capable de rétablir l'ordre au milieu du chaos et d'assurer la justice au milieu de l'incertitude. L'image de Michel se retrouve dans diverses traditions religieuses et mythologiques mondiales, où des figures similaires émergent en tant que protecteurs et agents de la justice, symbolisant souvent le triomphe de la lumière sur les ombres et de la vérité sur le mensonge. Ces figures, comme Michel, agissent comme des réponses archétypales à la lutte humaine pour la survie éthique et morale, offrant un sentiment d'ordre cosmique et de valeurs salvatrices d'intégrité et de droiture.

Ainsi, l'invocation de Michel comme défenseur et protecteur répond à un besoin archétypique commun de rechercher la force capable de combattre les « ombres » – qu'elles soient internes ou externes. Sa figure représente le triomphe du bien sur le mal et de la justice sur l'injustice, fournissant une référence de force morale et de protection qui renforce les individus dans leur cheminement spirituel et psychologique. Il n'est pas seulement un symbole de protection ; il est aussi une projection du désir humain de soutien universel, qui assure l'ordre et la bonté au milieu des adversités de la vie. De cette façon,

Michel se configure comme un archétype intégrateur, capable d'unir les gens autour d'une lutte commune pour défendre les valeurs essentielles de l'existence, reflétant un besoin qui transcende les cultures et les religions, s'établissant comme un symbole intemporel de lumière, de vérité et de sécurité spirituelle.

CHAPITRE 3. RÉCITS ET LÉGENDES

La bataille contre le mal

La bataille légendaire entre l'archange Michel et Satan est l'un des récits les plus emblématiques et les plus puissants de la tradition chrétienne, le mettant en valeur comme le protecteur suprême du bien et le combattant infatigable contre les forces du mal. Dans l'Apocalypse (ou livre de l'Apocalypse), l'image de Michel conduisant les armées célestes contre le dragon, symbole de Satan, joue un rôle central, illustrant la bataille cosmique entre le bien et le mal. Dans cette confrontation, Satan cherche à usurper le trône divin, tandis que Michel, en tant que guerrier céleste, lutte pour maintenir l'ordre et la justice divine, défendant l'intégrité du ciel et, symboliquement, du monde spirituel.

Décrit comme un événement aux proportions apocalyptiques, ce combat est plus qu'une lutte physique ; il représente la victoire finale de la lumière sur les ténèbres et le triomphe de la vérité et de la justice sur le mensonge et la corruption. En chassant le dragon et ses partisans du ciel, Michel s'affirme comme le défenseur suprême non seulement des cieux mais aussi des fidèles. Ce récit sert à consolider sa position dans l'imaginaire chrétien en tant qu'ange armé et déterminé dont la mission est de repousser tout ce qui menace la paix et l'ordre. L'image de Michel soumettant Satan est devenue un symbole visuel emblématique du triomphe du bien sur le mal et de l'inévitabilité de la justice divine, inspirant des représentations artistiques au fil des siècles, des fresques aux sculptures monumentales, qui véhiculent l'idée d'un défenseur invincible et d'une justice qui prévaut.

L'impact de ce récit dépasse la littérature religieuse. Il établit Michel comme un symbole d'espoir et de victoire, notamment en temps de crise et d'incertitude. Les croyants et les fidèles voient dans le combat de Michel une métaphore des luttes personnelles et collectives contre les forces qui menacent l'intégrité spirituelle et morale. La figure de Michel en tant que protecteur actif, qui n'hésite pas à affronter le mal, offre une source d'inspiration et de courage, encourageant les fidèles à maintenir leur foi et à résister à l'adversité avec confiance. La représentation de Michel en action contre Satan renforce l'idée que le bien, même face à de grands défis, a la force et la détermination de l'emporter.

Cette légende renforce le caractère guerrier de Michel, soulignant son rôle de défenseur constant de la lumière et de la vérité. Non seulement il affronte le mal, mais il le bannit, réaffirmant le principe selon lequel la justice divine est inébranlable et infaillible. Dans l'imaginaire religieux, Michel est plus qu'un ange : il est le protecteur infatigable qui ne permet pas aux forces destructrices de prospérer. Il symbolise le courage absolu et l'engagement envers l'ordre divin, offrant aux fidèles un sentiment de sécurité et de protection dans les moments de doute et de détresse spirituelle. À travers son image, le récit de Michel devient un héritage durable, cimentant son rôle de protecteur de la foi et de pilier d'espoir pour ceux qui font face aux incertitudes de la vie spirituelle.

Autres récits et histoires associées

La figure de l'archange Michel est d'une grande complexité, composée de couches symboliques et narratives qui transcendent la simple image d'un guerrier céleste pour devenir un protecteur absolu, celui qui non seulement combat les forces destructrices, mais agit également comme un défenseur compatissant, un intercesseur et un symbole de l'harmonie spirituelle. Chacune des traditions religieuses qui incluent Michel dans leur théologie offre une vision unique et détaillée de ses attributs et de ses rôles, contribuant à une compréhension multiforme qui va bien au-delà du concept d'un ange armé contre le mal.

Dans le Livre d'Enoch, texte apocryphe central à la fois dans le judaïsme primitif et dans le christianisme primitif, Michel est décrit comme le commandant en chef des forces célestes contre la rébellion des anges déchus. Ces anges, dirigés par des personnages tels qu'Azazel et Semjaza, auraient désobéi à l'ordre divin en corrompant l'humanité, en partageant des connaissances interdites et en égarant les gens de la pureté spirituelle. La responsabilité de Michel est ici double : il doit rétablir l'ordre dans le monde spirituel et, en même temps, purifier l'humanité des effets corrupteurs de cette rébellion. Michel est donc plus qu'un guerrier ; il est un purificateur et un restaurateur de l'ordre divin. Son combat contre ces anges déchus n'est pas seulement une bataille physique, mais une lutte morale, qui exige un défenseur d'une intégrité absolue, quelqu'un qui refuse de permettre à la corruption de pénétrer l'ordre divin et de contaminer le bien. Le rôle de Michel symbolise ici le besoin éternel de rééquilibrer les forces et de maintenir la pureté spirituelle, offrant à l'humanité un chemin de retour vers la justice et l'harmonie.

Dans la tradition juive rabbinique et talmudique, Michael est considéré comme un intercesseur et un protecteur de l'humanité. Il est considéré non seulement comme un guerrier, mais aussi comme un défenseur et un médiateur, quelqu'un qui agit pour protéger les justes et les innocents et qui intercède pour ceux qui sont dans le besoin. Ce rôle de Michael renforce l'image de miséricorde et d'attention, le mettant en valeur comme un intermédiaire entre l'humanité et Dieu, quelqu'un qui veille constamment à ce que les prières des justes soient entendues. Dans plusieurs histoires et passages talmudiques, Michael apparaît comme quelqu'un qui défend les êtres humains, luttant contre le mal à des niveaux profonds et subtils. Son rôle est à la fois une barrière contre les forces destructrices et un soutien moral pour ceux qui font face à des défis. Il devient ainsi un symbole de protection permanente, un être céleste qui non seulement protège l'humanité des menaces extérieures, mais qui agit également pour renforcer les justes intérieurement, renforçant leurs vertus et les encourageant à vivre une vie éthique et pieuse.

Dans la tradition islamique, Mikail (correspondant à Michel) est vénéré d'une manière qui met en valeur son rôle de dispensateur de miséricorde et de bénédiction divines. Mikail est associé au maintien de l'équilibre cosmique, responsable de la fourniture de la pluie, de la fertilité et de la subsistance de la création. Ce rôle représente un aspect fondamental de l'harmonie et de la bienveillance, où Mikail ne se contente pas de prendre soin de l'humanité au sens physique du terme, mais veille également à ce que les moyens de subsistance soient toujours disponibles. Il est considéré comme un ange de paix et de prospérité, agissant pour préserver la vie et maintenir le bien-être de la création. Au lieu d'une figure de combat direct contre le mal, Mikail apparaît comme un gardien de l'harmonie universelle, dont le rôle est de garantir la continuité de la vie dans la paix et le maintien de l'ordre naturel. Son image offre une vision équilibrée de Michel, qui, à côté de son aspect guerrier, a également un visage de profonde compassion et de soin pour la création divine, reflétant l'aspect d'un protecteur qui se soucie activement de la prospérité et de la stabilité du monde.

Ces récits révèlent une profondeur supplémentaire à Michael, qui va au-delà du guerrier armé d'une épée et vêtu d'une armure. Il représente un type de force à la fois combative et réparatrice, un agent de la justice divine dont la présence non seulement éloigne le mal mais favorise également le bien-être et l'harmonie. Dans de nombreuses traditions mystiques et ésotériques, Michael est considéré comme un guide spirituel qui aide les fidèles à surmonter leurs peurs intérieures et leurs conflits émotionnels, représentant la lumière qui combat les ombres intérieures. Son image sert de miroir à ceux qui font face à des défis personnels et spirituels, encourageant une recherche de connaissance de soi et d'amélioration de soi. Michael, tout en protégeant contre les forces extérieures, invite les fidèles à affronter leurs propres limites et à chercher la vérité en eux-mêmes.

De plus, cette multiplicité de rôles révèle que Michel est une figure de soutien moral et spirituel pour ses fidèles, procurant un sentiment de sécurité qui transcende la lutte physique contre le mal. Il est perçu comme un être céleste qui offre réconfort et renforce la foi de ceux qui se tournent vers lui. Dans les moments de désespoir et de doute, la présence de Michel est invoquée comme une source d'espoir et de sécurité, un protecteur qui non seulement défend mais nourrit aussi l'âme. Ses actions sont symboliques et pratiques, répondant à la fois aux besoins spirituels profonds et aux appels quotidiens des fidèles. Cela fait de lui un archétype de force, de compassion et de justice, un être qui s'adapte aux besoins de chaque instant et de chaque individu, offrant une réponse globale aux défis de la vie.

Variations culturelles dans les légendes

L'image de Michel, défenseur et protecteur, possède une capacité d'adaptation unique, lui permettant d'adopter des caractéristiques qui s'adaptent à un large éventail de contextes culturels et historiques. Cette flexibilité non seulement accroît sa pertinence, mais l'établit également comme un symbole de protection universelle, façonné en fonction des besoins et des valeurs spécifiques de chaque société. De l'Europe médiévale aux cultures d'Amérique latine et aux communautés du Moyen-Orient, Michel apparaît sous de nombreuses formes différentes, chacune reflétant les nuances culturelles et spirituelles de ces lieux.

Dans l'Europe médiévale, la figure de Michel a été fondamentale dans la construction de l'éthique de la chevalerie et de l'idéal du chevalier chrétien. Avec la ferveur des croisades et l'intense religiosité qui imprégnait le Moyen Âge, Michel s'est transformé en une sorte de chevalier divin, un modèle de droiture et de courage. À cette époque, il était largement invoqué comme le saint patron des batailles et le défenseur de la foi. Michel était considéré comme un exemple suprême pour les guerriers chrétiens, dont la mission allait au-delà du combat physique, englobant un idéal de lutte pour la justice divine et de protection des innocents. Ainsi, il est devenu une icône dans la construction du code de conduite de la chevalerie, représentant des vertus telles que la loyauté, la bravoure et la dévotion. Michel n'était pas seulement un ange ; il était un idéal de vie chrétienne. Dans les peintures, les statues et les prières, son image a inspiré les dirigeants et les soldats, qui ont trouvé en lui un guide moral et spirituel pour affronter leurs défis au nom de la foi.

En Amérique latine, la présence de Miguel est adaptée et enrichie d'éléments de traditions indigènes et de religiosité populaire. En particulier, dans les traditions mexicaines, elle est souvent associée à des rituels et des festivités populaires qui combinent des aspects indigènes et chrétiens. Dans ces célébrations, Miguel est invoqué comme un protecteur des foyers et des familles, quelqu'un qui a le pouvoir d'éloigner les mauvais esprits et les influences négatives. Cette vision de Miguel comme gardien des espaces personnels et familiaux résonne profondément dans les communautés, où il est considéré comme un saint puissant, capable d'assurer la paix et le bien-être de ceux qui l'invoquent. Ces célébrations, qui incluent souvent des processions et des danses, représentent une fusion de spiritualités, dans laquelle Miguel n'est pas seulement un archange chrétien, mais aussi un protecteur local, adapté aux valeurs et aux croyances de la culture latino-américaine. Sa figure symbolise l'espoir et la résilience, en particulier dans les communautés qui ont historiquement été confrontées à des défis sociaux et économiques, renforçant le rôle de Miguel comme source de force et de résistance.

Au Moyen-Orient, Michael est vénéré par les chrétiens et les musulmans, en particulier dans les communautés en proie à des conflits et à l'adversité. Il est considéré ici comme un symbole de résilience, de paix et d'unité. Dans les régions où les calamités et les tensions politiques sont constantes, l'invocation de Michael prend le caractère d'un appel à la protection et à la stabilité. Pour beaucoup, il représente une force qui transcende les divisions religieuses, un ange qui protège et intercède en cas de besoin, indépendamment de la croyance ou de l'origine. Dans les traditions mystiques de l'islam, en particulier dans le soufisme, Michael (ou Mikail) est vénéré dans les prières et les supplications qui demandent protection, prospérité et harmonie. Ici, il symbolise la capacité de préservation et de sécurité spirituelles, un ange qui offre la paix dans un monde marqué par l'instabilité. Cette révérence mystique reflète la capacité de Michael à s'adapter aux aspirations spirituelles profondes de la culture locale, offrant un soutien à la fois spirituel et moral.

Ces variations culturelles démontrent l'incroyable résilience et la plasticité de l'image de Michael. Il s'adapte aux contextes historiques et spirituels de chaque communauté, non seulement en étant réinterprété mais aussi redéfini pour répondre aux besoins particuliers de chaque groupe. Dans toutes ces traditions, il symbolise un défenseur universel, un protecteur qui transcende les barrières culturelles et religieuses, servant de point de convergence pour les diverses aspirations humaines. La malléabilité de Michael lui permet d'entrer en résonance avec différentes angoisses et espoirs, des luttes intérieures et spirituelles aux conflits et batailles matérielles, ce qui explique sa longévité en tant que symbole de protection et de justice.

Cette flexibilité permet également à Michael d'être un symbole vivant, réactif aux changements d'époque et de circonstances, ce qui garantit sa pertinence continue. C'est une figure qui offre une sécurité émotionnelle, spirituelle et culturelle à ses fidèles, s'adaptant à leurs besoins spécifiques, que ce soit en tant que chevalier divin, gardien de foyers ou protecteur contre les calamités. La résilience de son image, qui unit les sociétés et les traditions religieuses autour d'un archétype commun de défense et de justice, souligne son importance non seulement en tant que figure religieuse, mais aussi en tant que symbole intemporel qui incarne la recherche humaine de protection, d'intégrité et de stabilité dans un monde en constante évolution.

CHAPITRE 4. SYMBOLISME ET ICONOGRAPHIE

Représentations artistiques de Miguel

Les représentations artistiques de l'archange Michel au fil des siècles expriment son rôle de défenseur suprême du bien, lui conférant une force visuelle qui non seulement inspire mais communique également un puissant récit spirituel. Des mosaïques et icônes byzantines aux peintures de la Renaissance et néoclassiques, la figure de Michel a été une constante, s'adaptant aux différentes esthétiques et valeurs de chaque période, mais préservant toujours son essence de guerrier angélique et de gardien de la justice divine.

À la Renaissance, époque marquée par la renaissance des arts et l'accent mis sur la beauté idéalisée et la force héroïque, Michel-Michel a été représenté par de grands maîtres tels que Guido Reni, Raphaël et Michel-Ange, qui ont façonné l'iconographie classique de l'archange. Ces représentations le montrent souvent armé d'une épée et portant une armure, vainquant des démons ou un dragon, renforçant l'image de Michel comme symbole de vertu inébranlable et de pouvoir sacré. Sa figure transmet une combinaison de beauté angélique et de force invincible, incarnant la vision de la Renaissance d'une spiritualité à la fois esthétique et exaltante.

Guido Reni, dans sa célèbre œuvre « Saint Michel Archange » (vers 1635), a élevé Michel au rang d'icône de sérénité et de majesté angélique. Dans le tableau, Michel se tient debout au-dessus du diable déchu, avec une expression de calme et de contrôle absolu, transmettant un sentiment de force et de pureté. Le contraste entre la lumière et l'ombre est utilisé pour souligner sa position de gardien du bien, soulignant la beauté de sa figure comme reflet de sa sainteté et de son autorité divine. Cette représentation est devenue une référence pour les générations suivantes, étant répétée dans plusieurs églises et cathédrales à travers l'Europe, consolidant l'image de Michel comme symbole de force spirituelle et de perfection morale.

Dans son œuvre « Saint Michel et le Dragon », Raphaël présente Michel dans une posture

40

plus dynamique, capturant l'archange en plein combat. Raphaël opte pour une composition qui met l'accent sur le mouvement et l'intensité du combat, mettant en évidence la détermination et l'énergie de Michel dans la lutte contre le mal. L'expression de Michel et le positionnement dramatique de son corps soulignent l'urgence et le sérieux de sa mission de défenseur du bien. Cette représentation met en valeur la nature active de Michel, le mettant en valeur comme un guerrier en action, qui non seulement contemple la justice, mais l'applique vigoureusement contre le mal.

Dans la fresque emblématique de la chapelle Sixtine, Michel-Ange crée une représentation de Michel qui combine son rôle de guerrier avec celui de juge. Dans le contexte apocalyptique du Jugement dernier, Michel apparaît comme une figure qui veille sur l'ordre divin, prête à maintenir la justice contre le chaos et les forces destructrices. Dans la vision de Michel-Ange, Michel n'est pas seulement un combattant ; il est le gardien cosmique, dont l'autorité englobe le jugement moral et le rôle de protecteur. Cette représentation place Michel dans un scénario de portée universelle, renforçant son rôle de maintien de l'équilibre et de la justice divine.

Les représentations de Michel au cours des siècles ne se sont pas limitées à la Renaissance. Dans les périodes antérieures, comme dans l'Empire byzantin, Michel était largement représenté dans des mosaïques et des icônes, où son image était stylisée avec des traits rigides et une expression d'autorité céleste. Dans les icônes byzantines, Michel est souvent représenté de face, avec une posture formelle et statique, exprimant une force plus contemplative et stable. Ces mosaïques cherchaient à transmettre l'idée de Michel comme une présence protectrice constante, quelqu'un qui observe et assure l'ordre divin d'une manière solennelle et inflexible.

Plus tard, à l'époque baroque, Miguel fut à nouveau réinterprété dans des sculptures et des peintures qui mettaient l'accent sur le drame et le mouvement caractéristiques de l'époque. Les représentations baroques de Miguel sont marquées par une grandeur qui capture le moment de sa victoire sur le mal avec des détails impressionnants, intensifiant l'émotion et la tension de la scène. Cette vision baroque de Miguel accentue sa force et sa bravoure, tout en engageant le spectateur dans une expérience presque théâtrale de triomphe et de justice.

Dans le néoclassicisme, Michel est représenté avec une sobriété qui renvoie aux influences classiques, en conservant l'image de Michel comme symbole de vertu héroïque et d'ordre céleste, mais avec une esthétique d'équilibre et de simplicité. Ces représentations sont plus sobres, mettant en valeur Miguel comme un défenseur qui, avant tout, représente une forme élevée de moralité et d'équilibre spirituel.

La diversité des styles et des interprétations à travers les périodes artistiques révèle que l'image de Michel est intemporelle et malléable, capable d'être réinterprétée pour s'adapter aux aspirations et aux valeurs spécifiques de chaque époque. À chaque période, il est remodelé pour refléter ce que la société considère comme l'incarnation idéale de la vertu, du courage et de la justice. En même temps, cette continuité des représentations maintient l'essence de Michel comme figure de lumière et de protection spirituelle, offrant aux fidèles et aux spectateurs une référence constante de sécurité et d'espoir. L'iconographie de Michel, avec son épée, son armure et sa posture imposante, influence la perception des fidèles, qui trouvent en lui un exemple de droiture et une source inébranlable d'inspiration spirituelle.

Signification des symboles (épée, balance, armure)

Les éléments symboliques associés à l'archange Michel – l'épée, la balance et l'armure – jouent un rôle central dans la construction de son image de défenseur de l'ordre divin et de juge des âmes. Chaque symbole contribue à une vision multiforme de Michel, qui combine le rôle de guerrier et de protecteur avec celui de juge moral, reflétant la complexité de sa mission spirituelle.

L'épée

L'épée de Michel est un symbole puissant qui porte de multiples significations spirituelles, car c'est un instrument de vérité et de justice divine. En tant qu'archange guerrier, Michel utilise l'épée non seulement pour vaincre le mal sous sa forme physique, mais aussi pour représenter le pouvoir de discernement qui sépare le bien du mal. Dans l'iconographie chrétienne, l'épée est souvent positionnée pointée vers le bas, reposant sur le dragon ou les forces du mal, suggérant sa victoire et sa suprématie sur le mal. Ce geste indique que le mal a été maîtrisé et que Michel est un agent de purification, utilisant l'épée pour couper et chasser les ténèbres et restaurer l'ordre divin.

L'épée de Michel a également une dimension morale et spirituelle : elle représente la vérité qui coupe le mensonge et la justice qui rejette la corruption. Dans les contextes ésotériques et mystiques, l'épée est considérée comme une extension de la force divine qui confère à Michel le pouvoir de protéger et de purifier, non seulement extérieurement mais aussi intérieurement, en encourageant les fidèles à réfléchir sur leurs propres luttes morales et sur la recherche de la vérité dans leur vie. L'épée n'est donc pas seulement un symbole de force physique ; c'est un emblème d'autorité morale et de jugement divin, rappelant aux fidèles que le bien, représenté par Michel, l'emporte toujours sur les ténèbres.

L'échelle

La balance que tient Michel dans certaines représentations ajoute une dimension de jugement divin et d'impartialité à sa figure. Symbole universel de justice, la balance représente la capacité de peser les âmes, d'examiner la moralité et les actions des individus pour déterminer leur destinée spirituelle. Dans le contexte du jugement final, la balance symbolise le rôle de juge de Michel, soulignant qu'il n'est pas seulement un combattant contre les forces du mal, mais

45

aussi un arbitre qui veille à ce que le destin de chaque âme soit aligné sur la justice divine.

La balance de Michel porte une forte charge morale, rappelant aux fidèles que chaque action et chaque choix faits au cours de la vie auront un poids et des conséquences spirituelles. L'image de Michel avec la balance renforce l'idéal de rectitude morale et de responsabilité éthique, encourageant les fidèles à vivre en accord avec les valeurs spirituelles. Dans l'iconographie médiévale et de la Renaissance, la balance est également devenue un outil pédagogique, utilisé pour enseigner la valeur d'une vie éthique et l'idée qu'il y aura un jugement où la justice divine sera appliquée de manière impitoyable et équitable. Michel, en tant que porteur de la balance, assume le rôle d'un juge qui non seulement combat le mal extérieur, mais évalue également la pureté des âmes, soulignant l'importance d'une vie guidée par la justice.

L'armure

L'armure de Miguel est l'un des éléments les plus frappants visuellement et les plus riches en symboles de son iconographie. Représentant la protection et l'invulnérabilité, l'armure brille comme un reflet de la sainteté et de la force divine qui entourent Michel. Elle symbolise l'invincibilité du bien et la force spirituelle, suggérant que Miguel est immunisé contre les tentations et les attaques du mal. L'armure n'est pas seulement un équipement de combat, mais une déclaration visuelle selon laquelle la pureté et la sainteté sont inviolables et inébranlables.

Pour les fidèles, l'armure de Michel est une invitation à cultiver leur propre force spirituelle, une résilience morale et éthique face à l'adversité. À un niveau plus profond, l'armure représente la protection divine qu'il étend aux fidèles, leur assurant la sécurité en temps de crise et les encourageant à se revêtir de vertus qui peuvent les fortifier. Cette métaphore est puissante : l'armure de Michel ne se contente pas de défendre contre les maux extérieurs, mais inspire une sorte d'invulnérabilité intérieure, motivant les fidèles à rester fermes dans leurs convictions spirituelles et à résister aux influences négatives du monde.

La combinaison de symboles

L'interaction de ces trois symboles – l'épée, la balance et l'armure – crée une image holistique de Michel en tant que défenseur, juge et gardien spirituel. Chaque symbole renforce un aspect de la mission de Michel et, ensemble, ils construisent une représentation complète de son rôle divin. Il est à la fois un guerrier intrépide qui combat les forces du mal, un juge impartial qui pèse les âmes et un protecteur inébranlable qui offre une sécurité spirituelle. Cette triade de symboles relie Michel à une série de valeurs spirituelles et morales qui sont transmises aux fidèles, leur rappelant l'importance de rechercher la vérité, de vivre dans la justice et de se protéger des influences destructrices.

Ces symboles transcendent également leur fonction esthétique pour communiquer un message spirituel profond. L'épée, la balance et l'armure servent d'emblèmes archétypaux de protection et de justice, incitant les fidèles à considérer Michael non seulement comme une figure angélique, mais comme un idéal de force morale et de pureté. Chaque élément fonctionne comme une partie de l'héritage de Michael, influençant la dévotion à son égard et servant de rappel visuel de sa présence protectrice et de sa mission d'assurer l'ordre divin au milieu du chaos.

L'iconographie de Michel n'est donc pas seulement décorative ; elle est un puissant véhicule pour communiquer les principes spirituels de protection, de justice et de sainteté. L'épée appelle à la lutte pour la vérité, la balance appelle à la justice et à la droiture, et l'armure représente la sécurité et le refuge offerts par la foi. Ces symboles font de Michel une figure non seulement d'adoration, mais aussi d'inspiration et de modèle, transmettant un message de courage, de protection et d'intégrité morale qui a résonné profondément dans le cœur des croyants à travers les siècles.

Miguel dans l'art classique et le patrimoine religieux

La présence de Michel dans le patrimoine religieux est une manifestation concrète de sa fonction spirituelle, exprimée dans des représentations artistiques qui, en plus d'embellir l'espace sacré, créent un lien visuel et symbolique entre les fidèles et le monde divin. Ces représentations vont des imposantes cathédrales aux petites chapelles et sont devenues au fil des siècles des symboles tangibles de la protection et du pouvoir de Michel. Dans chaque contexte, Michel est représenté d'une manière qui reflète non seulement son identité angélique mais aussi les aspirations spirituelles de la communauté qui le vénère.

Dans les cathédrales gothiques, Michel est souvent intégré à l'architecture en tant que gardien du temple et protecteur de la foi. L'architecture gothique elle-même, avec ses flèches vertigineuses et ses façades détaillées qui pointent vers le ciel, suggère un lien direct avec le divin. Michel est représenté comme un défenseur vigilant, placé aux entrées, aux tours ou aux façades principales des cathédrales, agissant comme une figure protectrice qui repousse symboliquement les forces du mal et assure la paix dans l'espace sacré. La position de Michel dans les cathédrales gothiques n'est pas accidentelle ; il est placé stratégiquement, comme s'il défendait le temple contre les envahisseurs spirituels, soulignant son rôle de gardien des espaces dédiés à la foi et à la dévotion. Cette présence de Michel dans l'architecture gothique non seulement communique une protection, mais inspire également un sentiment de crainte et de sécurité chez les fidèles, qui le voient comme un symbole de résistance et de sécurité célestes.

Dans la tradition byzantine, Michel est largement représenté dans les mosaïques qui ornent les murs et les voûtes des églises antiques. Les mosaïques byzantines se caractérisent par une esthétique d'une grande austérité et d'une grande solennité, qui renforce l'image de Michel comme figure d'autorité spirituelle. Dans ces mosaïques, Michel est représenté de manière formelle, avec des traits du visage rigides et un visage qui respire la force et la sérénité. Ce style de représentation reflète la théologie byzantine, qui valorisait la transcendance et la majesté des figures sacrées. Michel apparaît donc comme un imposant gardien de l'ordre divin, une présence constante et protectrice qui assure l'intégrité spirituelle de l'église et de ses fidèles. L'austérité des mosaïques ne cherche pas à humaniser Michel, mais plutôt à souligner son rôle d'être céleste dont la fonction est de veiller à ce que le sacré reste inviolé.

Les vitraux des églises médiévales offrent une autre interprétation puissante de l'image de Michel, le représentant dans des scènes du Jugement dernier, où il pèse les âmes et juge leurs actions. Ces vitraux, avec leurs couleurs vives et leurs scènes dramatiques, étaient une forme de catéchèse visuelle pour les fidèles, dont beaucoup étaient analphabètes. L'image de Michel pesant les âmes servait de rappel constant de l'importance de la rectitude morale et du jugement divin. Michel apparaît non seulement comme un guerrier, mais comme un juge compatissant et impartial, dont la balance garantit que chaque âme est traitée selon sa pureté et ses vertus. Ces vitraux ont été soigneusement positionnés pour capter la lumière du soleil, créant une aura de sainteté autour de Michel et renforçant son rôle de figure de justice et de vérité, capable de guider les fidèles dans leur cheminement spirituel.

Outre les grandes structures, Michel est également présent dans les reliquaires et les icônes orthodoxes, en particulier dans les églises chrétiennes orientales. Les icônes de Michel sont vénérées comme des objets sacrés, utilisés dans les prières et les cérémonies qui invoquent sa protection. Dans l'iconographie orthodoxe, il est représenté avec un sérieux calme, tenant souvent une épée ou une lance, symboles de son rôle de guerrier contre le mal. Les icônes de Michel transcendent la simple valeur artistique ; elles sont considérées comme des fenêtres sur le monde spirituel, des canaux par lesquels les fidèles peuvent se connecter à la présence protectrice et compatissante de Michel. À travers les icônes, les fidèles rencontrent une image de Michel qui non seulement les protège, mais les rapproche également du divin, renforçant leur confiance dans la protection céleste.

Dans de nombreuses régions du monde, Michel est également le saint patron des églises, des villes et des communautés, une tradition qui symbolise la confiance collective dans la force et la protection qu'il apporte. Les célébrations en son honneur, telles que les fêtes patronales et les processions, renforcent cette dévotion publique et démontrent l'importance de Michel en tant que symbole d'espoir et de résilience. Dans de nombreuses communautés, notamment en Europe et en Amérique latine, des festivités dédiées à Michel sont organisées pour célébrer son rôle de protecteur contre le mal, en les intégrant dans les traditions locales et en renforçant sa place dans la vie quotidienne des fidèles. Ces festivités et hommages sont plus que des rituels religieux ; ils réaffirment le rôle de Michel en tant que gardien de la foi collective, un défenseur qui, selon la croyance populaire, reste vigilant en temps de prospérité et d'adversité.

Au fil des siècles, l'iconographie de Michel, dans une variété de styles et de formes artistiques – des sculptures et mosaïques aux vitraux et icônes – a consolidé son image de présence constante et protectrice dans la vie spirituelle des communautés. Chaque représentation, adaptée au style et aux besoins de son époque, fonctionne comme une expression visuelle de Michel en tant que guide moral, défenseur et juge. Pour les fidèles, ces œuvres d'art vont au-delà de leur valeur esthétique ; elles sont des instruments de foi, renforçant la protection et le soutien spirituel que Michel offre. En fin de compte, ces représentations artistiques rapprochent Michel des fidèles, offrant une présence tangible qui renforce la dévotion et inspire la confiance, créant un lien entre le monde visible et le monde invisible et faisant de Michel une figure éternelle de courage, de justice et de protection.

CHAPITRE 5. RÔLE SPIRITUEL ET PHILOSOPHIQUE

Michael en tant que protecteur et guerrier divin

L'archange Michel occupe un rôle fondamental et universel en tant que protecteur et défenseur des justes, une figure qui transcende les traditions religieuses et entre en résonance avec une grande variété de contextes spirituels. Son image de guerrier divin le positionne comme un symbole de protection, de courage et de force, des qualités qui font de lui une présence inspirante pour ceux qui recherchent la sécurité spirituelle au milieu du danger et de l'adversité. Michel n'est pas seulement une figure angélique ; il représente la lutte pour préserver l'ordre sacré, agissant comme une barrière contre les forces chaotiques et destructrices qui menacent l'harmonie divine.

Dans la tradition chrétienne, Michel est considéré comme le défenseur de l'Église et le gardien du peuple de Dieu. Depuis les premiers siècles du christianisme, il est invoqué dans des prières et des rituels de protection, célébré comme un combattant infatigable contre le mal et une puissante figure d'intercession. Le rôle de Michel va au-delà de la défense physique, car il est également considéré comme le gardien des âmes, veillant à ce que le mal soit écarté et à ce que la justice divine prévale. Dans de nombreuses prières et litanies, Michel est rappelé comme le « prince de l'armée céleste », une référence à son commandement sur les armées célestes et à sa mission de protéger les fidèles des influences maléfiques. Sa présence est considérée comme un soutien pour les chrétiens, qui ont confiance en sa protection pour la communauté et pour leur vie spirituelle individuelle. La dévotion à Michel reflète le désir de sécurité spirituelle et la confiance dans la force divine comme protection réelle et tangible.

Le rôle de défenseur de Miguel ne se limite pas au contexte chrétien, il trouve également un écho dans l'islam. Dans les traditions islamiques, Mikail (l'équivalent de Michel) est vénéré comme un symbole de miséricorde et de préservation de la création. Bien que l'accent ne soit pas mis sur la lutte directe contre le mal, Mikail est associé au maintien de l'équilibre cosmique et à la subsistance, représentant un soutien continu et une force qui maintient l'harmonie de la création. Mikail est considéré comme une présence sereine et compatissante, quelqu'un qui protège les croyants en veillant à ce que les bénédictions divines soient constamment renouvelées et distribuées. Ainsi, alors que Michel dans le christianisme est plus souvent représenté comme un guerrier et un juge, Mikail incarne une protection qui se manifeste dans la préservation et la subsistance de la vie, reflétant une vision complémentaire de la protection qui englobe à la fois le physique et le spirituel.

La figure de Michel, avec son rôle de guerrier divin, transcende les frontières culturelles et religieuses, unissant différentes traditions autour d'un idéal commun de protection et de courage spirituel. En tant qu'archange, Michel inspire une confiance inébranlable au milieu des luttes et des défis de la vie, rappelant à ses fidèles qu'il existe une force supérieure à l'œuvre, engagée à défendre le bien et à faire respecter la justice. Son rôle va au-delà de la protection personnelle ; il représente la sécurité que chaque fidèle recherche face aux incertitudes et aux dangers du monde. Michel non seulement éloigne le mal, mais insuffle également un sentiment de courage, encourageant ses fidèles à rester inébranlables et à se consacrer à une vie de droiture et d'intégrité morale, quelle que soit l'adversité.

La fonction protectrice de Michael reflète le besoin archétypique de l'homme de sécurité et de soutien au milieu du chaos, c'est pourquoi il est si puissant et si largement vénéré. Au fil des générations, il a été invoqué comme une présence vigilante et un symbole d'espoir pour ceux qui font face à des épreuves. En période d'incertitude, l'image de Michael apporte un profond réconfort, offrant l'assurance qu'il existe un gardien éternel et incorruptible engagé à préserver le bien et à soutenir ses fidèles. De cette façon, Michael s'établit comme une figure universelle de défense spirituelle, inspirant les fidèles à résister aux forces négatives et à croire en une protection divine qui transcende toute adversité.

En bref, Michael est une icône du courage, de la protection et de la justice, un être angélique qui symbolise l'idéal spirituel de la défense du bien et de l'ordre divin. Dans toutes les traditions qui le vénèrent, Michael est une figure qui non seulement protège, mais motive et inspire également, offrant à ses fidèles un exemple clair de persévérance et de détermination spirituelle. Il est un gardien qui maintient la sécurité et la justice au milieu des défis du monde, et son rôle transcende le plan physique, agissant dans le domaine spirituel pour garantir que les principes du bien, de la vérité et de l'ordre sacré prévalent.

Implications éthiques et morales

L'archange Michel transcende le rôle d'un simple guerrier céleste pour devenir un symbole de justice et de responsabilité éthique. Sa figure évoque des thèmes profonds de moralité, représentant un idéal de protection qui va au-delà de la défense physique des justes et implique une responsabilité éthique et spirituelle envers l'ordre divin. L'image de Michel nous invite à réfléchir sur ce que signifie réellement défendre le bien, en mettant en évidence l'idée d'une justice ferme, impartiale et engagée dans la préservation de l'intégrité morale et spirituelle.

Dans la tradition chrétienne, Michel est plus qu'un combattant : il est un juge et un exécuteur de la justice divine. Ce rôle implique une responsabilité morale qui exige de maintenir l'ordre universel et de défendre les valeurs de vérité et de droiture. En tant que « prince de l'armée céleste », Michel agit comme un agent de la justice divine, chargé de discerner entre le bien et le mal et d'appliquer les conséquences appropriées à chacun. Cet aspect de Michel non seulement exalte la force et la protection, mais promeut une vision de la justice qui est implacable face au mal, servant d'exemple aux fidèles de l'importance de défendre ce qui est moralement juste, quelle que soit l'adversité.

Le rôle éthique de Michel est donc une invitation à la réflexion morale pour le croyant. Il n'agit pas pour des raisons personnelles mais en tant que représentant de l'ordre universel, un être qui symbolise la justice qui reste fidèle à la vérité. Michel, en tant que figure angélique, offre un modèle d'éthique transcendantale, suggérant que la lutte contre le mal est en fin de compte une bataille pour la préservation de l'ordre divin. Cet aspect de sa personnalité incite les croyants à aligner leur propre vie sur une norme morale qui valorise le bien collectif au-dessus des intérêts individuels. Michel devient ainsi un guide spirituel pour ceux qui cherchent à vivre une vie de droiture, les encourageant à défendre le bien et à résister au mal, même lorsque faire face au mal exige du courage et du sacrifice.

D'un point de vue philosophique, le rôle de Michel peut être interprété à la lumière du concept de justice distributive et de la responsabilité de protéger les plus vulnérables. La justice de Michel est impartiale et absolue, symbolisant l'idée que le mal doit être combattu pour que le bien puisse prospérer. Dans les traditions philosophiques, la justice est souvent considérée comme un principe central qui assure la cohésion et la paix de la société. En combattant le mal et en protégeant le bien, Michel reflète une conception de la justice intrinsèquement liée au devoir de préserver l'équilibre social et spirituel. Son rôle de défenseur des justes et de gardien des innocents fait écho à une responsabilité éthique qui est aussi pertinente en théologie qu'elle l'est dans les théories de la justice humaine. Son combat est une responsabilité morale fondamentale, une démonstration que la défense du bien et la résistance au mal sont des principes centraux de la coexistence et de l'ordre universel.

En outre, Michael représente un combat éthique qui trouve un écho dans le contexte social et spirituel d'aujourd'hui. En protégeant les innocents et en combattant le mal, Michael devient un modèle de défense active, inspirant les croyants à adopter une position de protection et de justice dans leur propre vie et dans leur communauté. Dans un contexte social, l'image de Michael encourage les gens à être des agents de changement et à défendre les plus vulnérables, favorisant un engagement pour la justice qui va au-delà des mots et se manifeste par des actions concrètes. Pour les croyants, Michael représente l'idée que la défense du bien est un impératif moral et que chaque individu a la responsabilité éthique d'agir en tant que gardien de la vérité et de la justice dans son propre cercle.

L'image de Michel nous rappelle également que la protection du bien n'est pas une tâche passive, mais une mission qui exige courage, discipline et détermination. Il inspire les fidèles à agir avec justice et à protéger leurs valeurs face aux difficultés, démontrant que la lutte pour le bien est une responsabilité active qui exige engagement et dévouement. Sa figure transcende la dimension religieuse, promouvant un idéal éthique qui s'étend à la vie quotidienne des fidèles et s'aligne sur les notions de responsabilité sociale et de justice morale. En Michel, nous trouvons un archétype de force morale et de défense de la justice qui inspire les fidèles à être courageux, droits et résilients, en assumant la responsabilité de protéger et de préserver le bien dans leur propre vie et dans la société.

L'Archange Michel représente ainsi un idéal de justice et d'éthique universelle, qui encourage chaque individu à être un défenseur du bien et un combattant contre le mal, tant au niveau personnel que collectif. Il est un symbole de courage moral et une source d'inspiration pour ceux qui cherchent à vivre une vie de droiture et de protection des plus vulnérables. La figure de Michel, par conséquent, non seulement élève la spiritualité, mais promeut également des valeurs fondamentales pour la coexistence éthique et la construction d'une société juste, où le bien est protégé et le mal résisté avec fermeté et compassion.

Psychologie et Spiritualité

En psychologie, et plus particulièrement dans la théorie jungienne, l'archange Michel peut être compris comme un symbole archétypique du courage intérieur et de la capacité à affronter ses « ombres » intérieures, un concept central dans l'œuvre de Carl Jung. Selon Jung, des personnages comme Michel représentent l'archétype du héros, un personnage qui émerge dans les récits et les mythologies comme quelqu'un qui est prêt à affronter les forces difficiles et obscures qui résident dans l'inconscient humain. Ce héros n'est pas seulement un combattant physique, mais aussi un symbole des aspects supérieurs du moi qui luttent pour l'intégrité, la moralité et le développement personnel. Michel devient alors un guide pour ceux qui cherchent à surmonter leurs peurs et leurs limites personnelles, invitant chacun à explorer les profondeurs de sa propre psyché et à affronter les éléments refoulés ou négligés.

Le récit de la bataille de Michel contre Satan, décrit dans l'Apocalypse, peut être interprété à travers ce prisme comme une métaphore de la confrontation entre les aspects obscurs et lumineux de la psyché humaine. Dans ce contexte, Michel représente la « lumière de la conscience » qui s'oppose aux forces destructrices et inconscientes, symbolisant le processus par lequel l'individu cherche à surmonter ses traits négatifs et à se réconcilier avec ses impulsions et ses conflits intérieurs. Michel personnifie donc la lutte pour l'auto-transformation et l'alignement sur des principes éthiques et des valeurs élevées, éléments fondamentaux pour une vie d'équilibre et d'épanouissement spirituel. Ce processus, connu en psychologie sous le nom d'« individuation », est le chemin que Jung décrit pour l'intégration des aspects obscurs et la réalisation de l'unité intérieure. Ainsi, en affrontant et en maîtrisant le « dragon » ou le « diable » intérieur, l'individu s'approche d'une version plus complète et plus entière de lui-même, dans un voyage continu de connaissance de soi.

En plus d'être un symbole de la lutte intérieure pour l'intégrité, la figure de Michel est aussi une source d'inspiration et de résilience pour ceux qui font face à des crises et des défis extérieurs. Dans les pratiques dévotionnelles et spirituelles, nombreux sont ceux qui invoquent Michel dans les moments difficiles, cherchant sa protection contre les dangers tangibles et les menaces psychologiques et émotionnelles. En psychologie, cette invocation de Michel peut être comprise comme un processus de mobilisation de ses propres forces intérieures, où l'image de l'archange guerrier aide l'individu à accéder à son propre courage et à faire face aux problèmes émotionnels et psychologiques avec plus de sécurité. Michel, en tant que guerrier spirituel, agit comme une projection des capacités humaines de persévérance et de dépassement, encourageant les fidèles à trouver en eux-mêmes la force d'affronter leurs propres angoisses et peurs.

La spiritualité associée à Michael favorise un voyage de connaissance de soi et d'amélioration de soi, où chaque dévot est encouragé à affronter ses ombres intérieures et à rechercher un état d'illumination et de paix intérieure. Ce voyage de croissance spirituelle et psychologique exige du courage et de l'honnêteté envers soi-même, et Michael, en tant que guide spirituel, représente l'énergie nécessaire pour faire face à cette tâche. Il protège non seulement contre les menaces extérieures, mais aide également le dévot à faire face à ses propres conflits et vulnérabilités, en offrant des conseils qui favorisent la croissance morale et spirituelle. Ce processus s'aligne sur la pratique de l'introspection et de la méditation, où l'individu, inspiré par l'image de Michael, est invité à enquêter sur ses émotions, ses insécurités et à affronter ses pulsions destructrices, en les transformant en force et en sagesse.

Jung a décrit la confrontation avec ses ombres intérieures comme un défi inévitable et souvent douloureux mais nécessaire à la transformation personnelle. La figure de Michael fournit un cadre symbolique et archétypal qui facilite ce processus, permettant aux individus de visualiser et de comprendre leur propre lutte intérieure dans le cadre d'un récit plus vaste. Michael représente la sécurité spirituelle et le désir d'une vie alignée sur des valeurs profondes, mais il symbolise également l'effort nécessaire pour atteindre ces idéaux. Il encourage les fidèles à faire face à leurs propres limites et à renforcer leur « armure » intérieure contre les influences négatives, favorisant une confiance en soi qui se cultive par la connaissance de soi et la poursuite de la droiture.

Au plus profond de lui-même, Miguel est un guide spirituel et moral archétypal, un défenseur de l'intégrité qui se tient aux côtés de ceux qui cherchent à vivre de manière éthique et authentique. Il enseigne que le combat pour la lumière et la vérité commence au sein de chaque personne et que la véritable protection spirituelle vient du courage d'affronter ses ombres et de rechercher une vie d'harmonie et d'équilibre. De cette façon, Miguel n'est pas seulement un protecteur, mais un symbole de transformation personnelle qui met l'individu au défi de s'aligner sur ce qu'il y a de plus élevé et de plus intégral dans son être.

CHAPITRE 6. LA PERTINENCE DE MICHAEL AU COURS DES SIÈCLES

Antiquité et cultures mythologiques

Tout au long de l'Antiquité, de nombreuses cultures ont intégré des personnages mythologiques qui assumaient le rôle de protecteurs, de guerriers et de gardiens de l'équilibre cosmique, et qui présentent des parallèles significatifs avec l'archange Michel. Ces personnages reflètent non seulement le rôle de Michel, mais ont également influencé son image et son symbolisme dans les traditions occidentales, formant un réseau de significations et d'archétypes qui transcendent les barrières culturelles et religieuses. Cette imagerie commune du défenseur du bien révèle un besoin humain archétypal de sécurité et de protection contre les forces du chaos et de la destruction.

Dans le zoroastrisme, le dieu Mithra est un exemple frappant d'un être qui, comme Michel, est associé à la préservation de l'ordre et à la lutte contre les forces des ténèbres. Mithra était vénéré comme un intermédiaire entre le monde terrestre et le monde divin, occupant le rôle de gardien de la lumière et de la justice. Dans ses représentations, il apparaît comme un combattant des ténèbres et un défenseur de l'intégrité cosmique, caractéristiques qui résonnent profondément avec l'image de Michel comme défenseur du bien et gardien de l'ordre céleste. Mithra symbolise la lumière divine qui combat les ténèbres et assure la protection des justes, un rôle qui fait écho à la fonction de Michel comme chef des armées célestes et défenseur de la foi. La vénération pour Mithra, qui s'est ensuite répandue dans tout l'Empire romain, démontre que la notion de guerrier protecteur était profondément enracinée dans les sociétés antiques et a directement influencé la construction symbolique des figures protectrices dans les traditions monothéistes occidentales.

Dans la mythologie égyptienne, la déesse Sekhmet joue également un rôle qui fait écho aux fonctions de Michel, malgré les différences culturelles et de genre. Sekhmet, représentée comme une lionne, est une divinité associée au pouvoir et à la protection, et est invoquée pour assurer la victoire et protéger le pharaon au combat. Elle n'est pas seulement une figure de force physique, mais aussi un symbole de la défense de l'ordre et de la moralité, où son pouvoir destructeur est équilibré par une responsabilité de préserver le bien. Comme

Michel, qui agit comme un purificateur en combattant le mal, Sekhmet est vue comme une déesse dont la fureur a une fonction morale et purificatrice, visant à préserver l'harmonie. Bien que Michel soit généralement représenté comme une figure masculine et Sekhmet comme une déesse féminine, tous deux partagent le rôle de guerriers qui exercent la justice et la protection spirituelle. Leur image de protecteurs suggère que le besoin d'un être qui défend le bien, en éliminant les forces du mal, est une constante dans la psyché humaine, adaptée aux spécificités culturelles de chaque société.

Un autre parallèle significatif se retrouve dans la mythologie grecque, avec la déesse Athéna, qui combine les attributs de la sagesse, de la stratégie militaire et de la justice. Athéna est vénérée comme une déesse qui protège les villes et les guerriers, incarnant à la fois l'habileté au combat et l'engagement envers l'ordre et la droiture. Athéna agit en tant que défenseur des communautés et des valeurs éthiques, un rôle qui fait écho au rôle de Michel en tant que défenseur de la foi et de la communauté des croyants dans le christianisme. Tous deux sont des symboles d'un « protecteur juste » qui combat le mal non par haine, mais pour défendre la justice et maintenir la paix. Athéna, avec sa lance et son bouclier, reflète la sagesse dans la guerre et un engagement envers la justice, des éléments qui caractérisent également Michel, en particulier dans son rôle de juge et de guerrier contre les forces obscures. La présence d'Athéna dans la mythologie grecque démontre une universalité de l'archétype du protecteur juste, qui transcende les cultures et s'enracine dans le besoin humain de chefs spirituels et de figures qui assurent l'ordre.

Ces figures mythologiques de l'Antiquité révèlent que l'image de Michel en tant que guerrier divin et défenseur du bien n'est pas apparue de manière isolée, mais fait partie d'un imaginaire collectif et ancestral qui dépasse les frontières culturelles et religieuses. L'archétype du « défenseur du bien » manifeste une recherche humaine de protection et de sécurité contre les forces destructrices qui menacent l'intégrité du monde et de la communauté. Au fil du temps, cet archétype a été absorbé et adapté par les traditions monothéistes occidentales, en particulier dans le christianisme, où Michel est devenu le guerrier céleste qui défend la foi et combat le mal.

La figure de Michel est donc le résultat d'un processus d'adaptation et de resignification de symboles et d'archétypes anciens, reformulés pour refléter les valeurs et les idéaux du christianisme et d'autres religions monothéistes. Il devient ainsi une synthèse d'anciens dieux guerriers et protecteurs, réinterprétés à la lumière de la foi chrétienne pour représenter un ange puissant, dont la fonction est de défendre l'ordre divin et de garantir la sécurité des fidèles. Cette continuité et cette transformation de l'archétype du « juste protecteur » mettent en évidence la manière dont la psyché humaine recherche constamment des figures qui assurent la paix et la protection spirituelle, en les modelant selon les besoins et les croyances de chaque époque et de chaque culture.

Le Moyen Âge et l'éthique de la chevalerie

Au Moyen Âge, l'archange Michel devint un symbole essentiel pour le développement de l'éthique chevaleresque, jouant un rôle central dans la formation des valeurs et des idéaux de conduite des chevaliers chrétiens. La figure de Michel en tant que guerrier céleste et défenseur de la justice divine résonnait profondément avec l'idéal de chevalerie qui émergeait à cette époque, en particulier chez les Templiers, qui voyaient en lui un exemple de force spirituelle, de loyauté et de courage. Le culte de Michel influença directement la formation de la morale guerrière, renforçant l'idée que la guerre devait être juste et motivée par la défense de la foi et de l'ordre divin.

Pour les Templiers, Michel était l'archétype du combat spirituel, symbolisant la lutte éternelle entre le bien et le mal. Ces chevaliers, qui avaient consacré leur vie à protéger les pèlerins et à défendre les lieux saints, trouvaient en Michel un modèle qui transcendait la valeur physique du guerrier, incarnant également une dimension spirituelle et éthique. Ils voyaient en Michel le chef des forces divines luttant contre les ténèbres, et interprétaient sa mission comme une extension de cette bataille cosmique dans un contexte terrestre. Pendant les croisades, Michel était largement invoqué comme le protecteur des armées chrétiennes, et son exemple incitait les chevaliers à combattre non seulement les ennemis physiques, mais aussi les influences maléfiques qui, selon eux, menaçaient la foi chrétienne. L'image de Michel en tant que défenseur de la justice divine servait à rappeler que le but de la bataille n'était pas le gain personnel mais la défense de la foi et des valeurs spirituelles.

La dévotion à Michel ne se limitait pas à une inspiration théorique ; elle s'incarnait dans les rituels et les pratiques symboliques qui faisaient partie de la vie chevaleresque. Les serments et vœux de protection étaient souvent prêtés en son nom, et de nombreux chevaliers portaient son image sur des amulettes et des reliques comme source de protection au combat. Ces actes rituels renforçaient le rôle de Michel en tant que divinité protectrice des guerriers et favorisaient un sens du devoir moral qui transcendait le combat physique. La présence de son image servait de rappel constant de la responsabilité éthique du chevalier de faire respecter la justice et de protéger les plus vulnérables. Il était vénéré comme un juge et un protecteur, des attributs qui se reflétaient dans le code de conduite chevaleresque, qui exigeait des vertus telles que le courage, la loyauté, l'honnêteté et la compassion.

Le rôle de Michel dans les croisades a consolidé son image d'ange guerrier et de défenseur des idéaux chrétiens. Sa silhouette représentait une source de force spirituelle pour les armées chrétiennes, et la croyance en sa protection inspirait les guerriers à considérer leurs combats comme la continuation de la lutte céleste entre les forces du bien et du mal. Michel a ainsi transcendé son rôle d'ange pour devenir un protecteur actif des valeurs chrétiennes dans la société médiévale. L'éthique chevaleresque, qui valorisait l'engagement pour la justice et la défense des innocents, a trouvé en Michel un modèle qui combinait la force combative avec la compassion et la protection des plus vulnérables. L'image de Michel n'était pas seulement un symbole de force ; elle promouvait une vision de la justice comme un devoir moral qui exigeait à la fois du courage sur le champ de bataille et de la rectitude dans la vie personnelle.

L'association de Michel avec l'éthique de la chevalerie médiévale a contribué à façonner la spiritualité des chevaliers, qui voyaient en lui un guide non seulement pour leurs actions mais aussi pour le développement d'une vie vertueuse. Michel était un guide moral qui inculquait aux chevaliers la nécessité de maintenir leur foi et leur intégrité face aux épreuves de la vie militaire, en promouvant un mode de vie qui harmonisait la dévotion religieuse avec l'idéal guerrier. Son image de défenseur du bien et de protecteur spirituel renforçait la conviction que la mission des chevaliers allait au-delà de la bataille : ils étaient responsables du maintien de l'ordre et de la justice dans la société, une mission qui reflétait l'engagement de Michel à protéger le bien et à combattre le mal.

Ce rôle transformateur de Michel en tant que défenseur et protecteur s'est consolidé au Moyen Âge, influençant profondément l'idéal chevaleresque et la notion d'une morale guerrière engagée dans la foi. Pour les chevaliers, Michel représentait le point de rencontre entre la force physique et la pureté spirituelle, un idéal qui encourageait non seulement l'héroïsme au combat, mais aussi la responsabilité éthique et l'humilité devant Dieu. Il incarnait un modèle de conduite qui exigeait sacrifice et droiture, inspirant les chevaliers à se battre pour la protection des plus vulnérables et à mener une vie de dévotion et d'honneur. Ainsi, Michel est devenu une figure centrale de la spiritualité des chevaliers médiévaux, reflétant les idéaux d'une époque où religion, justice et pouvoir militaire étaient profondément liés.

Renaissance et Réforme

Avec l'avènement de la Renaissance, l'archange Michel fut réinterprété en accord avec les nouveaux idéaux d'humanisme, d'héroïsme et de perfection morale qui caractérisaient cette époque. Marquée par un regain d'intérêt pour les figures héroïques et l'exaltation de la vertu, la Renaissance vit en Michel l'archétype du juste guerrier et l'incarnation des hautes valeurs de vérité et de justice. En tant que défenseur de l'équilibre cosmique, Michel devint un symbole de l'idéal d'harmonie de la Renaissance, où le bien est défendu non seulement par la force physique mais aussi par la force morale.

Dans les œuvres des grands maîtres de la Renaissance tels que Raphaël, Guido Reni et Michel-Ange, Michel est représenté avec des traits de force, de beauté et de sérénité qui illustrent l'esthétique de la Renaissance et le concept de beauté idéalisée. Raphaël, en particulier, a immortalisé Michel dans des postures de triomphe sur le mal, soulignant son autorité divine et sa beauté héroïque. Dans l'œuvre de Raphaël, Michel apparaît avec un visage serein, marchant sur le dragon dans un geste de victoire complète sur le mal, une composition qui reflète les idéaux humanistes de l'époque, où la vertu et la justice sont présentées comme des réalisations de la raison et de la pureté morale. L'accent mis sur l'esthétique et l'héroïsme était une façon d'exalter Michel non seulement en tant que protecteur céleste, mais aussi en tant que modèle inspirant pour la conduite humaine. Cette approche met en valeur Michel en tant qu'agent qui protège l'harmonie cosmique et inspire les êtres humains à rechercher des vertus plus élevées, le plaçant sur un piédestal de moralité et de courage.

Avec l'arrivée de la Réforme protestante, la figure de Michel acquiert de nouvelles significations, devenant un symbole de résistance et de défense de la pureté de la foi à une époque d'intenses conflits religieux et théologiques. La Réforme suscite de sévères critiques à l'encontre de l'Église catholique et Michel est réinterprété comme une figure de justice divine et d'intégrité spirituelle, représentant la lutte pour la vérité dans un contexte de divisions religieuses. Pour les réformateurs, Michel symbolise la lutte contre la corruption qui, selon eux, s'est infiltrée dans l'Église. Il est associé à l'idée de pureté et de fidélité à la vraie foi, et son image commence à refléter la lutte contre le mal non seulement au sens spirituel, mais aussi dans le domaine des disputes idéologiques et doctrinales.

Dans cette nouvelle perspective, Michel apparaît comme le protecteur des communautés protestantes, le défenseur de la véritable foi biblique et l'adversaire des influences corrompues. Invoqué comme gardien spirituel et juge divin, il assume un rôle de surveillance, défendant les fidèles contre les distorsions de la foi et protégeant les communautés qui cherchent une vie plus proche des idéaux chrétiens. Pour les protestants, Michel symbolise une fidélité inébranlable à la parole sacrée, et son rôle de juge et de combattant du mal devient une métaphore de la résistance protestante à ce qu'ils considèrent comme les excès et les déviations de l'institution catholique. De cette façon, Michel incarne l'intégrité morale et le combat pour la justice pure, valeurs centrales pour les réformateurs, qui voient en lui une force spirituelle alignée sur leurs propres idéaux de retour à la pureté et à la vérité.

À la Renaissance et à la Réforme, Miguel s'est imposé comme une figure qui incarne les principes d'héroïsme, de justice et de vertu. Il n'était pas seulement une présence protectrice et spirituelle, mais aussi un symbole qui, à travers l'art et la théologie, a inspiré l'humanité à rechercher une vie éthique alignée sur des valeurs plus élevées. L'image de Miguel en tant que défenseur du bien et juge impartial s'est intensément renforcée, et il a été considéré non seulement comme un combattant contre les forces du mal, mais aussi comme une source d'inspiration pour ceux qui aspiraient à une vie consacrée à la foi et à la morale.

Cette transformation de la figure de Michel au cours de la Renaissance et de la Réforme démontre sa résilience et sa capacité d'adaptation aux idéaux spirituels et culturels de chaque époque. Il a été façonné par les valeurs de l'humanisme de la Renaissance, devenant un modèle de perfection et de vertu, puis réinterprété par la Réforme comme un symbole de pureté doctrinale et d'endurance spirituelle. Ces nouveaux rôles reflètent la capacité de Michel à entrer en résonance avec les aspirations humaines à la justice, à la moralité et à la foi authentique, offrant un archétype qui transcende les différences culturelles et religieuses. À travers sa figure, la Renaissance et la Réforme ont renforcé le rôle de Michel en tant que guide spirituel et moral, encourageant les fidèles à poursuivre une vie consacrée aux principes d'intégrité et de droiture.

CHAPITRE 7. RELECTURES MODERNES ET CONTEMPORAINES

Spiritualité et ésotérisme modernes

Dans la spiritualité moderne, l'Archange Michel est apparu comme un guide intérieur et un protecteur spirituel, jouant un rôle central dans les mouvements New Age et les pratiques ésotériques. Dans un contexte contemporain où les traditions religieuses deviennent souvent fragmentées ou individualisées, Michel est réinterprété comme une présence proche et accessible, invoquée pour soutenir le développement personnel et le renforcement de l'intégrité émotionnelle et spirituelle. Il n'est pas seulement un guerrier céleste qui protège des forces extérieures, mais aussi un protecteur archétypal contre les conflits internes – aidant les fidèles à affronter les doutes, les insécurités et les peurs.

Dans les cercles ésotériques, Michael est souvent associé au chakra de la gorge, le centre énergétique associé à la communication, à la vérité et à l'expression authentique. Dans ce contexte, il est invoqué comme un soutien pour ceux qui cherchent à exprimer leur véritable voix et à se protéger des influences négatives ou des « énergies denses » qui peuvent entraver l'accomplissement de leur objectif. En tant que gardien du chakra de la gorge, Michael agit symboliquement comme un encouragement à l'honnêteté envers soi-même et envers les autres, favorisant une communication claire et une connexion authentique à ses valeurs. Cette représentation résonne fortement avec la mission de protection de l'intégrité émotionnelle et spirituelle, aidant les individus à se défendre des influences extérieures et à maintenir leur vérité intérieure.

Dans les pratiques de guérison alternatives et les thérapies holistiques, telles que le Reiki et d'autres méthodes de guérison énergétique, Michael est invoqué pour purifier et équilibrer les énergies de ceux qui l'invoquent. En tant que personnage associé à la protection et à la purification, il est considéré comme une force qui élimine les énergies négatives et rétablit l'équilibre intérieur, offrant un sentiment de sécurité et de paix aux praticiens. Dans cette perspective, Michael transcende le rôle d'un guerrier physique pour devenir une présence purificatrice et une source de résilience émotionnelle. De nombreux guérisseurs énergétiques font appel à lui pour les aider à créer un « espace sûr » pendant leurs pratiques, où les gens peuvent se sentir protégés et en paix pour libérer les tensions et les anxiétés.

Les ouvrages de développement personnel et de spiritualité considèrent également Michael comme un guide accessible et un allié dans le cheminement personnel. Soulignant sa capacité à inspirer courage et authenticité, il est souvent présenté comme une présence avec laquelle chacun peut se connecter directement, sans avoir besoin de médiation institutionnelle. Cette vision de Michael reflète une spiritualité contemporaine qui valorise l'autonomie individuelle et l'accès direct aux sources spirituelles. De cette façon, il devient non seulement un protecteur distant, mais un compagnon proche et personnalisé avec lequel chaque personne peut établir une connexion individualisée et intime.

Ce nouveau rôle de Michael en tant que mentor spirituel et défenseur de la connaissance de soi reflète une évolution significative de son rôle traditionnel. Dans la spiritualité moderne, il est passé du statut de guerrier cosmique et de défenseur de la foi à celui de figure soutenant le courage intérieur et l'authenticité. Michael est désormais invoqué non seulement pour protéger contre les menaces physiques, mais aussi pour guider les gens dans leurs luttes émotionnelles et psychologiques, favorisant une vie d'intégrité et de résilience. Il symbolise la force nécessaire pour faire face non seulement aux batailles extérieures, mais aussi aux conflits intérieurs qui bloquent la croissance personnelle.

La résonance de Michael dans la spiritualité moderne représente une adaptation de son rôle aux besoins et aux valeurs de la société contemporaine, où le bien-être psychologique et émotionnel est au cœur de l'expérience spirituelle. En offrant une image de sécurité et de soutien en période d'incertitude, Michael continue d'inspirer et de guider les individus, en leur fournissant une base pour le courage et l'authenticité personnelle. Sa figure transcende ainsi les frontières des pratiques traditionnelles et devient un archétype d'une spiritualité qui valorise la connaissance de soi, la protection intérieure et la connexion directe avec le divin.

Culture populaire et médias numériques

Dans la culture populaire contemporaine, la figure de l'archange Michel a pris de nouvelles formes et est devenue une présence constante dans les films, les séries, la littérature et les jeux vidéo, réinterprétée et adaptée pour correspondre aux valeurs et aux intérêts du public moderne. Cette transformation reflète la résilience de Michel en tant qu'icône archétypale qui transcende le contexte religieux et trouve un écho dans une société fascinée par les héros et les récits de conflit entre le bien et le mal.

Dans les médias visuels, Michael est souvent représenté comme un guerrier impitoyable ou comme un être angélique d'une grande sagesse et d'un grand pouvoir, en phase avec les archétypes des héros et des protecteurs. Dans des séries et des films tels que *Constantine* et *Supernatural*, Michael est présenté comme un personnage central ou secondaire qui agit pour défendre l'humanité, affrontant les forces du mal et protégeant le monde des influences obscures. Ces représentations renforcent son image de défenseur de l'humanité et de combattant infatigable contre le mal, évoquant la tradition chrétienne de Michael comme chef des armées célestes et gardien de la justice. Lorsqu'il est représenté dans des histoires d'action et de fantasy, Michael adopte des caractéristiques qui combinent le mysticisme angélique avec le dynamisme du héros moderne, devenant un personnage à la fois accessible et épique, adapté au goût des récits héroïques de haute intensité.

Dans la littérature contemporaine, notamment dans les œuvres de fantasy et de fiction surnaturelle, Michael est exploré comme un personnage aux multiples facettes et souvent humanisé. Dans ces histoires, il est souvent présenté comme un être aux prises avec des dilemmes moraux, déchiré entre ses devoirs célestes et ses liens avec l'humanité. Cette représentation ajoute de la profondeur à son personnage et permet au public de comprendre Michael de plus près et personnellement, en le voyant non seulement comme un ange lointain, mais comme quelqu'un qui fait face à des conflits intérieurs, des questions et des défis émotionnels. L'humanisation de Michael dans ce genre littéraire ajoute de nouvelles couches à son personnage et facilite une plus grande identification avec les lecteurs, qui le voient comme un protecteur qui partage leurs luttes personnelles et leurs questions existentielles. Dans bon nombre de ces récits, il est un protecteur réticent ou un personnage qui hésite entre devoir et sentiment, ce qui permet une représentation plus complexe et émotionnellement dense que les représentations traditionnelles.

Les jeux vidéo ont également intégré Miguel dans leurs récits, l'explorant comme un guerrier spirituel dans un environnement interactif. Dans les jeux de combat, d'action et de stratégie tels que *Diablo* et *Bayonetta*, Miguel ou des personnages inspirés de lui sont représentés comme des héros puissants ou des boss légendaires que les joueurs peuvent invoquer ou affronter dans des batailles épiques. Dans ces jeux, l'image de Miguel est utilisée comme symbole de justice, de force et de résilience, permettant aux joueurs de découvrir sa figure de manière dynamique et immersive. L'expérience interactive de ces jeux offre aux joueurs la possibilité de « vivre » l'archétype de Miguel, en affrontant directement le mal et en assumant le rôle de défenseur du bien. Cette interaction avec Miguel dans l'environnement virtuel renforce son image d'icône de pouvoir et de moralité, en transposant le combat spirituel et moral sur le terrain de la bataille épique et en permettant de le vivre dans un contexte moderne et accessible.

À l'ère du numérique et des médias sociaux, Michael est également devenu un symbole populaire dans les communautés spirituelles en ligne, où il est largement représenté dans le contenu visuel et diffusé dans des prières, des méditations et des messages de motivation. Sur des plateformes telles qu'Instagram, Facebook et TikTok, il est évoqué dans des images inspirantes, associées à des phrases de courage, de protection et de résilience. Ces représentations, souvent accompagnées d'images emblématiques de Michael en tant que guerrier angélique, servent de rappels quotidiens de protection et de force intérieure. Dans les médias numériques, l'image de Michael transcende le concept de figure religieuse pour devenir un symbole universel de soutien émotionnel et spirituel, reliant des personnes de différentes traditions et croyances qui considèrent Michael comme une source de sécurité et de confiance en période d'incertitude.

La présence de Miguel dans la culture populaire contemporaine et dans les médias numériques renforce son attrait intemporel, démontrant comment il continue de captiver l'imagination collective et de servir de source d'inspiration et de protection. Adapté à différents formats et publics, Miguel reste pertinent et actuel, promouvant des valeurs de courage, de justice et d'intégrité qui sont universelles et applicables à de multiples contextes. Son rôle dans la culture moderne préserve non seulement son essence de défenseur du bien, mais élargit également sa fonction pour inclure des caractéristiques qui résonnent avec les luttes internes et externes des publics contemporains, montrant que Miguel, en tant qu'archétype, est véritablement intemporel et adaptable aux exigences de chaque époque.

Syncrétisme mondial et la figure de Michael

L'image de l'archange Michel a transcendé les frontières religieuses et culturelles, s'adaptant à diverses traditions à travers le monde, en particulier dans les régions marquées par le syncrétisme religieux. Ce phénomène est évident dans des contextes comme le Brésil, où Michel est vénéré à la fois dans le catholicisme et dans les religions afro-brésiliennes, telles que le Candomblé et l'Umbanda. Dans ce scénario, il est syncrétisé avec Ogum, un orisha guerrier et protecteur qui représente la force et la justice, caractéristiques qui résonnent profondément avec la figure de Michel. Ce syncrétisme élargit non seulement l'image de Michel, mais enrichit également son identité symbolique, lui permettant d'être considéré non seulement comme un ange chrétien, mais aussi comme une entité guerrière qui reflète les qualités de protection, de courage et de droiture prônées par d'autres traditions spirituelles. Dans les pratiques religieuses afro-brésiliennes, Ogum est une divinité vénérée comme défenseur du juste et symbole de force, et cette association avec Michel met en évidence un pont culturel et spirituel qui permet la continuité et le renforcement des valeurs universelles de protection et de lutte pour le bien.

En Amérique latine, la figure de Michel revêt un caractère populaire, vénérée lors de fêtes qui associent le catholicisme à des éléments des traditions autochtones locales. Dans des pays comme le Mexique, il est célébré comme saint patron lors de fêtes qui incluent des processions, des danses et des rituels qui mêlent le christianisme aux traditions autochtones. Ces célébrations ont une profondeur culturelle et spirituelle, car elles adaptent l'image de Michel pour refléter les spécificités culturelles et les besoins de protection des communautés. Il devient un symbole de protection mutuelle entre les forces spirituelles divines et locales, représentant un lien entre le ciel et la terre. En incorporant des éléments de croyances autochtones, la figure de Michel s'adapte pour entrer en résonance avec les expériences spirituelles et culturelles de la communauté, démontrant la malléabilité de son image et sa capacité à répondre aux aspirations locales. Ce phénomène d'adaptation culturelle renforce l'idée que Michel n'est pas seulement un gardien céleste, mais aussi un symbole de résilience spirituelle qui entre en résonance avec les besoins des gens et reflète le désir de protection à la fois proche et universel.

En Orient, notamment dans les communautés chrétiennes d'Asie, Michael est reconnu et, dans certains cas, indirectement associé à des figures protectrices du bouddhisme et de l'hindouisme. Bien que ces liens soient moins explicites, les qualités de Michael pour combattre le mal et défendre la vérité sont parallèles aux caractéristiques des divinités locales, telles que Vajrapani dans le bouddhisme, qui représente la force protectrice contre les forces du mal, ou les divinités guerrières dans l'hindouisme qui symbolisent la défense du bien. Cette association démontre comment Michael, même dans des contextes moins familiers au christianisme, peut s'adapter et être respecté en tant que présence spirituelle protectrice. Dans les communautés asiatiques qui interagissent avec le christianisme, il est souvent invoqué comme défenseur de la foi et protecteur spirituel, ce qui montre que ses attributs de lutte contre le mal et de protection des fidèles résonnent même dans des traditions qui ont des concepts théologiques différents.

La mondialisation et l'expansion du christianisme ont permis à la figure de Michel de s'intégrer dans diverses cultures, créant une identité syncrétique qui reflète le désir humain de protection et de justice, indépendamment des barrières culturelles ou religieuses. Ce syncrétisme mondial met en évidence une recherche universelle de valeurs telles que la force morale, le courage et la sécurité spirituelle, que Michel symbolise et qui résonnent dans différentes traditions et croyances. Son adaptabilité et la facilité avec laquelle il se connecte aux divinités et aux esprits protecteurs d'autres religions démontrent que son image s'est enrichie au fil des siècles, devenant une figure qui va au-delà de la foi chrétienne pour représenter un idéal de protection divine et de justice partagé par toutes les cultures.

Réinterprété et adapté aux traditions locales, Michael est passé du statut d'ange guerrier à celui de figure spirituelle universelle. Il représente un point de convergence entre différentes traditions, favorisant une connexion spirituelle qui transcende les spécificités religieuses et culturelles. En fin de compte, cette évolution montre que Michael est devenu une icône de valeurs communes, telles que la recherche de la justice, la protection des innocents et la lutte contre les forces destructrices. Ces valeurs sont innées chez les êtres humains, ce qui explique pourquoi Michael continue d'être une figure si puissante et si pertinente. Dans divers contextes, sa figure sert de rappel de la protection divine et de symbole d'espoir et de résilience, illustrant le pouvoir du syncrétisme pour relier les gens à travers des symboles universels et pour renforcer le sentiment de communauté et de protection spirituelle à travers le temps et l'espace.

CHAPITRE 8. RÉCEPTION ETHNOGRAPHIQUE ET PRATIQUES CONTEMPORAINES

Témoignages de fidèles

La dévotion à l'archange Michel se manifeste de manière riche et multiforme, reflétant un lien profondément personnel et émotionnel avec sa figure, qui transcende les traditions religieuses et s'adapte aux besoins et aux perspectives spirituelles de chaque dévot. Dans les entretiens et les témoignages, nombreux sont ceux qui rapportent qu'ils invoquent Michel dans les moments difficiles, cherchant en lui un soutien spirituel pour faire face aux crises, aux conflits et aux défis personnels. Dans ces récits, Michel est décrit comme un allié spirituel proche et fiable, dont la présence inspire force, courage et résilience.

Ces récits personnels révèlent que Michael est perçu de manière unique par chaque individu, fonctionnant comme un symbole malléable qui s'adapte à différentes compréhensions et besoins spirituels. Pour certains, il est le guerrier angélique par excellence, un combattant acharné contre les forces du mal, évoquant des images de protection puissante et d'intervention en cas de danger. Pour d'autres, Michael est une présence de paix et de sécurité, un gardien qui protège les foyers et les familles des influences négatives et des énergies indésirables. Cette diversité d'interprétations illustre la flexibilité de son image, qui lui permet de répondre à un large éventail de besoins et de désirs spirituels, faisant de lui une figure capable d'embrasser de multiples perspectives et symbolismes.

Pour de nombreux fidèles, la dévotion à Miguel ne se limite pas aux moments de crise, mais se manifeste par une pratique quotidienne et constante. La présence de Miguel est cultivée par des rituels et des pratiques simples, comme allumer une bougie, dire une prière ou même garder une image de lui dans un espace sacré de la maison. Ces actes symboliques sont des moyens par lesquels les fidèles rendent tangible la présence de Miguel dans leur vie, établissant un lien spirituel qui transcende le rituel formel et fait partie de la vie quotidienne. La pratique quotidienne renforce le sentiment de proximité avec Miguel, qui est considéré non seulement comme un protecteur dans les moments de danger, mais aussi comme une présence constante et rassurante, qui accompagne et guide le fidèle dans les petites et grandes décisions de la vie.

De plus, les témoignages de fidèles soulignent que le lien avec Michel transcende les frontières religieuses conventionnelles, illustrant l'adaptabilité et l'attrait universel de l'archange. Beaucoup déclarent ressentir un lien particulier avec Michel, même sans affiliation religieuse formelle ou institutionnelle. Pour ces personnes, Michel représente une figure archétypale de protection et de soutien, dont l'influence ne dépend pas d'un dogme religieux spécifique, mais est accessible à tous ceux qui recherchent une force spirituelle qui inspire courage et confiance. Cette approche plus individualisée reflète une spiritualité moderne et personnalisée, dans laquelle la figure de Michel est perçue comme une présence spirituelle significative et accessible, susceptible d'être invoquée et ressentie de manière intime et authentique.

La capacité de Miguel à transcender les traditions religieuses et à s'adapter aux pratiques individuelles reflète sa résilience en tant que symbole spirituel. Dans un contexte contemporain marqué par la pluralité et la diversité des croyances, l'image de Miguel est réinterprétée afin de répondre aux besoins spirituels spécifiques de chaque personne, le transformant en un guide qui s'adapte au cheminement spirituel unique de chaque dévot. C'est cette flexibilité qui permet à Miguel de rester pertinent et proche, offrant aux dévots une expérience de foi à la fois universelle et profondément personnelle.

En bref, la dévotion à Michael démontre qu'il est perçu comme bien plus qu'un être céleste lointain ; il est une présence spirituelle active et accessible dans la vie quotidienne de ses fidèles. Ce lien spécial entre Michael et ses fidèles reflète un besoin humain universel de protection, de force et de réconfort spirituel, que Michael, avec sa figure accueillante et multiforme, est capable de combler d'une manière unique. Ce lien personnel et émotionnel avec Michael réaffirme son importance et sa résonance à travers les siècles, montrant qu'il continue d'offrir une source inestimable de soutien et de sécurité à ceux qui font appel à lui pour obtenir des conseils et une protection.

Pratiques culturelles et rituels

Dans de nombreuses cultures du monde, l'archange Michel est célébré par des festivités et des rituels qui associent des éléments religieux à des traditions populaires, reflétant la profonde dévotion et la confiance collective en sa protection. Dans des pays comme le Mexique, l'Italie et les Philippines, les fêtes en l'honneur de saint Michel Archange ont lieu principalement en septembre, le mois associé à sa fête dans le calendrier liturgique (le 29 septembre). Ces célébrations comprennent des processions, des messes et des danses traditionnelles, représentant à la fois le combat de Michel contre le mal et son rôle de protecteur des communautés. Ces événements ne sont pas seulement des démonstrations de foi individuelle, mais aussi des expressions d'identité et d'unité culturelles, renforçant le rôle de Michel en tant que lien entre la vie sacrée et la vie collective.

Au Mexique, les célébrations en l'honneur de Michel associent des éléments chrétiens à des traditions indigènes, ce qui donne lieu à des pratiques qui représentent une dévotion aux multiples facettes. Les processions sont ornées de symboles et de couleurs vives, et les danses traditionnelles exécutées en son honneur symbolisent la victoire éternelle du bien sur le mal, avec des reconstitutions de Michel vainquant Satan. Ces fêtes sont plus que de simples célébrations religieuses ; elles renforcent le sentiment de communauté et de solidarité, rassemblant les gens autour d'un symbole commun de protection et de résilience. La figure de Michel, dans ce contexte, transcende le rôle d'ange et devient une présence culturelle qui relie les croyances spirituelles à l'histoire et aux traditions de la communauté, montrant que sa protection est considérée comme omniprésente et présente dans tous les aspects de la vie communautaire.

En Italie, l'archange saint Michel est également un symbole puissant, en particulier dans les régions où les églises et les sanctuaires qui lui sont dédiés sont des points centraux de dévotion. Dans des endroits comme le Mont Gargano, qui abrite l'un des plus anciens sanctuaires dédiés à Michel, les fêtes comprennent des pèlerinages et des rituels de purification, où les fidèles cherchent à renouveler leur foi et à demander protection. Ces événements soulignent l'importance de Michel en tant qu'intercesseur divin et défenseur de la foi, reflétant la croyance en sa capacité à combattre les forces destructrices et à assurer la protection spirituelle et physique de ses fidèles. Dans la culture italienne, il n'est pas seulement un gardien spirituel, mais aussi un symbole d'espoir et de persévérance pour les communautés qui, au fil des siècles, ont trouvé en lui la force d'affronter les crises et les défis.

Aux Philippines, la fête de San Miguel est célébrée avec ferveur, en particulier dans les villes et villages où il est considéré comme le saint patron. Les célébrations comprennent des défilés, des messes et des cérémonies de bénédiction, où son image est ornée et vénérée avec respect et dévotion. La fête, connue pour attirer de grandes foules, renforce la foi de la population et met en valeur Miguel comme une figure protectrice essentielle. Ici, Miguel est considéré non seulement comme un guerrier spirituel, mais aussi comme un défenseur culturel et social qui symbolise la protection de la communauté dans un sens plus large. En participant à ces rituels, les fidèles philippins expriment leur gratitude et recherchent le soutien de Miguel pour maintenir la paix et la sécurité.

Dans les pratiques afro-brésiliennes telles que le candomblé et l'umbanda, Miguel est associé à Ogum, l'orisha de la guerre et de la protection, représentant un protecteur féroce contre les forces destructrices. Dans ce contexte, Miguel/Ogum est invoqué dans des rituels qui incluent des chants, des danses et des offrandes, à travers lesquels les participants se connectent à l'énergie de protection et de courage. L'association avec Ogum permet à Miguel d'être considéré comme un défenseur non seulement des individus mais aussi des communautés, renforçant son rôle de protecteur global. Cette pratique du syncrétisme démontre la capacité de Miguel à se déplacer entre différentes traditions spirituelles, révélant une flexibilité qui permet son intégration dans divers systèmes religieux et renforçant sa présence dans l'imaginaire populaire. Il est considéré comme quelqu'un qui inspire le courage et la force pour faire face aux défis, étant une figure qui transcende les limites des religions conventionnelles pour devenir un symbole de justice et de résilience.

Ces pratiques culturelles et rituels révèlent que Michael est bien plus qu'un personnage religieux lointain ; il est un lien entre le sacré et le quotidien, un protecteur qui se manifeste d'une manière accessible et compréhensible pour ses fidèles. En participant à ces rituels, les gens renouvellent non seulement leur foi, mais aussi leur engagement envers des valeurs telles que le courage, la justice et l'unité communautaire. Ces événements offrent une expérience de communion, où les fidèles renforcent leur confiance dans la protection de Michael et célèbrent son combat pour la justice et le bien. Le caractère universel et l'adaptabilité de Michael démontrent sa résilience en tant que symbole spirituel, renforçant le lien entre le divin et la vie quotidienne, et inspirant les fidèles à affronter la vie avec une foi et un courage renouvelés.

La figure de Miguel dans les communautés virtuelles

Avec l'essor des médias numériques, la figure de l'Archange Michel a trouvé un nouvel espace pour être célébrée et vécue dans les communautés en ligne et les réseaux sociaux, où sa présence en tant que protecteur spirituel et symbole de force est largement diffusée. Dans les groupes de spiritualité virtuels, les forums et les pages dédiés aux figures angéliques, Michel est constamment invoqué et évoqué comme une force de protection, un soutien émotionnel et une source d'inspiration. Ces communautés offrent un environnement accueillant aux fidèles pour partager leurs expériences personnelles, leurs prières et leurs récits d'interventions miraculeuses attribuées à l'intercession de Michel, créant ainsi un réseau d'échange spirituel et de soutien collectif.

Sur les plateformes de médias sociaux comme Instagram, Facebook et YouTube, des contenus liés à Michael sont partagés dans des formats visuels accessibles tels que des images, de courtes vidéos et des méditations guidées. Ces publications incluent souvent des prières et des rituels visant à la protection, à la purification et au renforcement émotionnel, permettant aux fidèles d'interagir avec Michael de manière pratique et immédiate. Sur les applications de messagerie telles que WhatsApp, les prières, les images et les messages sur Michael circulent dans les groupes familiaux et entre amis, établissant des chaînes de foi qui visent à invoquer la présence protectrice de Michael et à renforcer les liens de solidarité spirituelle entre les participants. Cette pratique virtuelle permet à Michael d'être présent dans la vie des fidèles de manière continue et partagée, quelles que soient les limitations physiques ou géographiques.

La représentation numérique de Michael adapte sa figure au contexte moderne, le présentant comme un symbole accessible et immédiat qui peut être invoqué en temps réel, permettant aux fidèles de se connecter avec lui et entre eux. Cela est particulièrement pertinent pour ceux qui vivent dans des zones urbaines denses ou pour les personnes qui, pour une raison quelconque, ont un accès limité aux pratiques dévotionnelles en personne. La présence de Michael sur les réseaux sociaux facilite une expérience spirituelle collective dans laquelle il est considéré comme un protecteur toujours disponible, prêt à être invoqué en cas de besoin et de manière pratique, que ce soit par une prière partagée ou un message instantané reçu. Cette approche numérique de la dévotion de Michael crée un sentiment de communauté et de solidarité qui transcende la présence physique, renforçant la foi et offrant un soutien émotionnel aux fidèles dans différentes parties du monde.

Ces communautés virtuelles élargissent la compréhension de Michael, l'adaptant aux besoins et aux défis spécifiques de la vie contemporaine. À l'ère numérique, il est souvent décrit comme un protecteur non seulement contre les influences spirituelles négatives, mais aussi comme un soutien émotionnel des problèmes psychologiques et émotionnels tels que l'anxiété, la peur et le stress, si courants dans la vie moderne. En ce sens, Michael devient un symbole de résilience psychologique et de protection émotionnelle, offrant aux fidèles un sentiment de réconfort et de sécurité au milieu des pressions de la vie quotidienne. Cette adaptation de Michael au contexte numérique reflète une spiritualité plus pratique et personnalisée, où il est considéré comme un compagnon de voyage, proche et accessible, auquel on peut faire appel à tout moment et pour tout type de défi.

La présence numérique de Miguel permet une interaction dynamique et constante avec sa figure, ce qui contribue à maintenir sa pertinence et son importance dans la société contemporaine. Sur les réseaux sociaux, il n'est pas seulement un ange gardien, mais aussi une figure qui s'adapte aux aspirations et aux besoins modernes, en résonance avec ceux qui recherchent un soutien spirituel dans un format compatible avec le rythme et les défis de la vie d'aujourd'hui. Cette fusion de Miguel avec les médias numériques le transforme en un symbole d'espoir et de sécurité toujours à portée de main, favorisant une connexion spirituelle qui va au-delà des pratiques dévotionnelles traditionnelles et s'étend au monde virtuel, où son image continue d'évoluer et de s'adapter à de nouvelles formes de spiritualité.

Ainsi, Michael devient un symbole qui sert à la fois les contextes spirituels traditionnels et numériques, renforçant son rôle de protecteur universel et de guide spirituel. Cette transformation numérique de son image représente une évolution de son rôle, montrant que, même au milieu des changements technologiques et culturels, la figure de Michael conserve son essence de présence forte et protectrice. Son image continue d'être un phare de protection, de courage et de soutien émotionnel, qui s'adapte aux nouveaux besoins et reste vivante dans l'imaginaire et la vie quotidienne des fidèles, tant dans les pratiques en face à face que dans le monde numérique.

CHAPITRE 9. CONSIDÉRATIONS FINALES

L'universalité de Michael

L'archange Michel apparaît comme une figure archétypique universelle, transcendant les frontières culturelles et religieuses et occupant une place durable dans l'imaginaire spirituel de l'humanité. Sa résilience au fil des siècles est remarquable et est directement liée à sa capacité à incarner des valeurs essentielles telles que la protection, la justice et le courage – des idéaux profondément ancrés dans la psyché humaine. Depuis ses premières mentions dans les textes sacrés jusqu'à ses représentations contemporaines, Michel reste pertinent, s'adaptant aux besoins et aux préoccupations des fidèles de toutes les époques, cultures et traditions spirituelles.

L'universalité de Michael est le reflet de sa capacité à entrer en résonance avec un large éventail de croyances et de pratiques, intégrant à la fois les religions organisées et les mouvements ésotériques et les spiritualités alternatives. Il se distingue comme un défenseur du bien et de l'ordre, et est invoqué en période d'incertitude et d'insécurité, offrant à ses fidèles un sentiment de sécurité spirituelle et les encourageant à rechercher l'intégrité et la justice. Le rôle de Michael s'étend au-delà de celui du guerrier céleste traditionnel pour devenir un symbole de protection accessible et accessible qui peut être compris de diverses manières. Dans chaque contexte, Michael conserve son essence tout en permettant à ses fidèles de l'interpréter en fonction de leurs propres besoins spirituels, représentant un archétype flexible qui s'adapte au monde en évolution.

La présence de Michael dans une variété de pratiques et de rituels culturels démontre encore davantage sa capacité d'adaptation et sa pertinence mondiale. Dans différentes cultures, il est souvent intégré dans les traditions religieuses locales, comme le syncrétisme de Michael avec Ogum au Brésil, ou son association avec les divinités de protection et de justice dans d'autres traditions. Cette fusion avec des éléments locaux transforme Michael en un pont entre les cultures, permettant la construction d'un idéal commun de lutte pour la justice et de défense des plus vulnérables. Indépendamment des dogmes spécifiques, il est considéré comme un protecteur universel qui répond à l'appel de tous les peuples en quête de protection et de sécurité spirituelle, reflétant la recherche humaine d'une puissance supérieure pour guider et inspirer.

L'archange Michel se distingue donc comme un archétype spirituel intemporel, qui non seulement survit aux changements historiques et culturels, mais s'épanouit à chaque nouvelle adaptation. Il est un symbole de courage qui résiste à l'épreuve du temps, représentant un idéal d'intégrité morale qui transcende les limites de toute tradition spécifique. Sa figure unificatrice relie différentes religions, spiritualités et cultures, s'affirmant comme une présence significative et durable qui continue de façonner et d'enrichir la vie spirituelle de l'humanité. L'archange Michel reste ainsi une force vivante dans l'imagination humaine, offrant un exemple constant de protection, de résilience et de défense du bien dans un monde en constante évolution.

L'avenir de la dévotion à Michael

Les transformations spirituelles et sociales contemporaines ont façonné et élargi le rôle de Michael dans la vie des fidèles, reflétant un processus continu d'adaptation au contexte mondialisé et numérisé. La mondialisation, la mobilité culturelle et l'expansion des médias numériques ont généré de nouvelles formes d'interaction avec les personnalités religieuses, permettant à Michael de devenir une présence encore plus accessible et proche. Sur les réseaux sociaux et les plateformes numériques, Michael est invoqué et partagé en temps réel, s'intégrant aux langages et aux esthétiques de la modernité. Cette flexibilité garantit qu'il reste un symbole spirituel pertinent lié aux défis d'aujourd'hui, permettant à son rôle de s'adapter aux changements culturels et spirituels.

Alors que de plus en plus de personnes recherchent une spiritualité qui transcende les structures religieuses traditionnelles, Michael apparaît comme une figure spirituelle indépendante, souvent accessible par des pratiques personnelles telles que la méditation, les rituels d'entraide et les pratiques de protection. La spiritualité moderne, qui met l'accent sur l'expérience directe et personnelle, permet à chaque fidèle d'interpréter et de vivre Michael selon ses propres besoins et croyances. Dans ce contexte, Michael devient un protecteur et un guide personnalisé, façonné par la vision individuelle de chaque pratiquant, ce qui le rend particulièrement attrayant pour un public diversifié et pluraliste.

Ce mouvement reflète un aspect central de la spiritualité contemporaine : la recherche d'une expérience spirituelle significative et unique, où Michael est considéré non seulement comme une entité transcendante mais aussi comme une force pratique et accessible.

L'essor des médias numériques offre également de nouvelles possibilités de dévotion à Michael, facilitant la création de communautés mondiales et de groupes de soutien autour de sa figure. Dans ces espaces numériques, des personnes de différentes parties du monde peuvent se réunir pour partager des expériences, des prières et des pratiques dévotionnelles axées sur la protection et la résilience émotionnelle. Dans ces communautés, Michael est souvent réinterprété comme un symbole de résilience personnelle et de stabilité émotionnelle, reflétant les exigences contemporaines de sécurité et de résilience dans un monde de plus en plus imprévisible et complexe. Les plateformes numériques permettent de façonner son image pour offrir un soutien psychologique et émotionnel, en adéquation avec les besoins actuels d'équilibre intérieur et de sécurité spirituelle.

L'avenir de la dévotion à Michael continuera probablement de suivre ces changements sociaux et culturels, évoluant pour répondre aux nouvelles réalités spirituelles d'un monde globalisé. La figure de Michael, avec sa flexibilité et son adaptabilité, est particulièrement adaptée pour répondre à ces changements, et sa popularité dans les espaces numériques et spirituels modernes suggère qu'il continuera à jouer un rôle central dans la vie des fidèles. Dans un contexte où les frontières culturelles sont moins rigides et où la spiritualité devient plus fluide et individualisée, Michael a le potentiel de renforcer et d'inspirer les fidèles dans leurs luttes personnelles, tout en restant un protecteur spirituel résilient qui répond aux complexités du monde d'aujourd'hui.

Michael demeure ainsi une force vivante et dynamique dans la spiritualité contemporaine, offrant une source de soutien à la fois émotionnelle et spirituelle à ceux qui recherchent protection et résilience au milieu des incertitudes. Son image continue d'être réinterprétée et renouvelée, reflétant un idéal de courage, de justice et de stabilité qui transcende le temps et s'adapte au rythme rapide des changements modernes. Dans un monde où la spiritualité s'éloigne souvent des institutions traditionnelles, Michael demeure un symbole de force morale et de protection universelle, démontrant que sa pertinence et son impact sur la vie des gens continueront de croître, en suivant le rythme des besoins et des défis d'une société en constante évolution.

Conclusions et implications pour les études interdisciplinaires

Au fil de cet ouvrage, l'étude de l'archange Michel a révélé non seulement la profondeur de son symbolisme et de son influence, mais aussi la richesse des possibilités qu'il offre à la recherche interdisciplinaire. La figure de Michel transcende la simple représentation religieuse et apparaît comme un champ fertile pour explorer les thèmes archétypiques et la résilience des figures spirituelles dans l'imaginaire collectif, en particulier à travers différentes époques et cultures. Michel, en tant que symbole sacré adaptable, fournit un cadre pour étudier la manière dont différentes sociétés réinterprètent et intègrent les figures spirituelles pour répondre à leurs besoins spécifiques et s'adapter aux défis de chaque époque.

Le potentiel de Michael pour les études interdisciplinaires couvre un large éventail de disciplines, notamment l'anthropologie, la psychologie, la théologie, les études culturelles et la communication numérique. En psychologie, Michael est une figure archétypale qui peut être explorée en termes de ses liens avec l'inconscient collectif, représentant le héros protecteur qui symbolise le courage, la justice et la protection contre les forces obscures. L'analyse de la présence de Michael à travers les âges offre un aperçu de la psyché collective de l'humanité et de la façon dont les sociétés expriment leurs aspirations et leurs peurs spirituelles à travers des symboles durables. En théologie et en études culturelles, l'étude de l'évolution de l'image de Michael de l'Antiquité à l'ère numérique révèle le dynamisme de l'imagerie religieuse et illustre l'adaptabilité des figures sacrées au milieu des transformations technologiques et culturelles.

Le potentiel de Michael en tant que sujet de recherche s'étend également au syncrétisme religieux et au contexte des pratiques de dévotion numérique. Au Brésil, par exemple, la figure de Michael syncrétisée avec Ogum illustre une riche intersection entre le christianisme et les religions afro-brésiliennes, où Michael est considéré à la fois comme un ange guerrier et comme un protecteur dans les rituels afro-brésiliens. L'étude de la présence de Michael dans les cultures non occidentales peut éclairer la manière dont il est réinterprété dans diverses pratiques spirituelles, enrichissant ainsi notre compréhension de son rôle dans le monde globalisé et de la capacité humaine à trouver l'unité dans les symboles, même dans des contextes culturels très différents.

De plus, l'étude des communautés virtuelles et des pratiques dévotionnelles numériques offre une nouvelle dimension pour comprendre l'évolution de la dévotion à Michel à l'ère moderne. L'analyse de la manière dont Michel est invoqué et partagé sur les réseaux sociaux et les plateformes numériques peut éclairer certains aspects de la spiritualité contemporaine, où la foi et le symbolisme se manifestent et s'adaptent aux nouvelles technologies de communication. Les médias numériques, en permettant aux fidèles de se connecter à Michel en temps réel et à l'échelle mondiale, contribuent à la transformation des traditions religieuses et créent de nouvelles formes d'interaction avec les figures spirituelles. Ainsi, les recherches futures sur la présence de Michel dans l'environnement numérique peuvent aider à révéler comment la spiritualité est préservée et renouvelée dans le contexte moderne, offrant un aperçu de la pertinence des figures sacrées dans une société de plus en plus médiatisée par la technologie.

En synthétisant la complexité et l'universalité de la figure de Michael, cet ouvrage suggère qu'il continuera d'être un sujet pertinent et inspirant pour les chercheurs intéressés par l'impact des figures spirituelles sur l'imaginaire collectif mondial. Miguel est un exemple vivant de résilience spirituelle, dont l'image dépasse les barrières du temps et résonne avec différentes cultures et contextes. La capacité de Miguel à inspirer, protéger et connecter les fidèles au fil des siècles reflète la force des symboles universels et confirme le pouvoir de l'imaginaire collectif à soutenir et à renouveler les valeurs et aspirations fondamentales de l'humanité. Ainsi, Miguel reste une source inestimable pour explorer la dynamique entre le sacré et le quotidien, et son étude peut apporter des contributions significatives à la compréhension des intersections entre la spiritualité, la culture et la technologie dans le monde contemporain.

BIBLIOGRAPHIE

- Thomas d'Aquin. *Somme théologique*. Benziger Bros., 1947.
- Barker, Margaret. *Les anges dans le judaïsme et le christianisme*. Bloomsbury Publishing, 2018.
- Berger, Helen A. et Douglas Ezzy. *Les sorcières adolescentes : la jeunesse magique et la quête de soi*. Rutgers University Press, 2007.
- Boyce, Mary. *Les zoroastriens : leurs croyances et pratiques religieuses*. Routledge, 2001.
- Eliade, Mircea. *Histoire des idées religieuses : tome 1*. Presses de l'Université de Chicago, 1978.
- Eliade, Mircea. *Histoire des idées religieuses : tome 2*. Presses de l'Université de Chicago, 1982.
- Eliade, Mircea. *Le sacré et le profane. La nature de la religion*. Harcourt, 1957.

- Eliade, Mircea. *Rites et symboles de l'initiation : les mystères de la naissance et de la renaissance* . Harper & Row, 1958.
- Emison, Patricia. *Créer l'artiste « divin » : de Dante à Michel-Ange* . Brill, 2004.
- Grimes, DA, Benson, J., Singh, S., et al. (2006). « Avortement à risque : la pandémie évitable ». *The Lancet* , 368(9550), 1908-1919.
- Hanegraaff, Wouter J. *Religion New Age et culture occidentale : l'ésotérisme dans le miroir de la pensée profane* . Presses de l'Université d'État de New York, 1998.
- Haskins, Charles. *La Renaissance du XIIe siècle* . Harvard University Press, 1955.
- Jung, Carl Gustav. *Les archétypes et l'inconscient collectif* . Princeton University Press, 1981.
- Keck, Leander E. *La Bible dans l'histoire du christianisme* . Fortress Press, 2005.
- Laurence, Jonathan. *L'émancipation des musulmans d'Europe* . Princeton University Press, 2012.
- Mascetti, Manuela Dunn. *Le Livre des Anges : Tournez-vous vers vos anges*

pour obtenir des conseils, du réconfort et de l'inspiration . Macmillan, 1993.
- Melton, J. Gordon. *Religions du monde : une encyclopédie complète des croyances et des pratiques* . ABC-CLIO, 2010.
- Mâle, Émile. *L'art religieux en France au XIIe siècle : étude de l'origine de l'iconographie médiévale* . Presses universitaires de Princeton, 1978.
- Orsi, Robert A. *Entre ciel et terre : les mondes religieux créés par les hommes et les chercheurs qui les étudient* . Princeton University Press, 2005.
- Pelikan, Jaroslav. *La tradition chrétienne : une histoire du développement de la doctrine, tome 1*. University of Chicago Press, 1971.
- Pinsky, Mark I. *L'Évangile selon le plus grand super-héros du monde* . Westminster John Knox Press, 2006.
- Possamai, Adam. *Religion et culture populaire : un testament hyper-réel* . Peter Lang Publishing, 2005.
- Prat, Carole. *Le christianisme ésotérique et le royaume angélique* . Quest Books, 2014.

- Sanders, éd. *Judaïsme : une très brève introduction* . Oxford University Press, 2009.
- Sherry, Patrick. *Images de la rédemption : comprendre la sotériologie à travers l'art et la littérature* . T&T Clark, 2003.
- Snyder, James. *L'art de la Renaissance du Nord : peinture, sculpture, arts graphiques de 1350 à 1575.* Harry N. Abrams, 1985.
- Steinauer, J., & Jackson, RA (2017). « Aider les patientes à prendre des décisions concernant l'avortement : le rôle du conseil compatissant ». *Journal of Women's Health* , 26(3), 215-221.
- Steinberg, JR et Finer, LB (2011). « Examen de l'association entre les antécédents d'avortement et la santé mentale actuelle : une nouvelle analyse de l'enquête nationale sur la comorbidité à l'aide d'un modèle de facteurs de risque communs ». *Social Science & Medicine* , 72(1), 72-82.
- van der Toorn, Karel. *Dictionnaire des divinités et des démons dans la Bible* . Éditions Eerdmans, 1999.
- Vermaseren, MJ *Mithra : Le Dieu secret* . Chatto et Windus, 1963.

- Wilson, Stephen. *Les saints et leurs cultes : études de sociologie religieuse, de folklore et d'histoire* . Cambridge University Press, 1985.
- Wuthnow, Robert. *Après le ciel : la spiritualité en Amérique depuis les années 1950*. University of California Press, 1998.
- Zablocki, Sarah et Liselotte Frisk. *La religion à l'ère de la numérisation* . Routledge, 2020.